Cristales y piedras curativas

Desde los cristales, minerales y piedras preciosas imprescindibles para los diferentes signos del zodiaco, hasta cómo utilizar una rejilla de cristales para sanar

© Copyright 2022

Todos los derechos reservados. Ninguna parte de este libro puede ser reproducida de ninguna forma sin el permiso escrito del autor. Los revisores pueden citar breves pasajes en las reseñas.

Descargo de responsabilidad: Ninguna parte de esta publicación puede ser reproducida o transmitida de ninguna forma o por ningún medio, mecánico o electrónico, incluyendo fotocopias o grabaciones, o por ningún sistema de almacenamiento y recuperación de información, o transmitida por correo electrónico sin permiso escrito del editor.

Si bien se ha hecho todo lo posible por verificar la información proporcionada en esta publicación, ni el autor ni el editor asumen responsabilidad alguna por los errores, omisiones o interpretaciones contrarias al tema aquí tratado.

Este libro es solo para fines de entretenimiento. Las opiniones expresadas son únicamente las del autor y no deben tomarse como instrucciones u órdenes de expertos. El lector es responsable de sus propias acciones.

La adhesión a todas las leyes y regulaciones aplicables, incluyendo las leyes internacionales, federales, estatales y locales que rigen la concesión de licencias profesionales, las prácticas comerciales, la publicidad y todos los demás aspectos de la realización de negocios en los EE. UU., Canadá, Reino Unido o cualquier otra jurisdicción es responsabilidad exclusiva del comprador o del lector.

Ni el autor ni el editor asumen responsabilidad alguna en nombre del comprador o lector de estos materiales. Cualquier desaire percibido de cualquier individuo u organización es puramente involuntario.

Índice de contenidos

INTRODUCCIÓN 1
PRIMERA PARTE: CONCEPTOS BÁSICOS SOBRE LOS
CRISTALES 3
CAPÍTULO 1: ¿CÓMO SE CREAN LOS CRISTALES Y LOS
MINERALES? 4
CAPÍTULO 2: LAS PROPIEDADES CURATIVAS DE LOS
CRISTALES 14
CAPÍTULO 3: TIPOS DE FORMAS DE CRISTAL 27
CAPÍTULO 4: 13 CRISTALES IMPRESCINDIBLES PARA
PRINCIPIANTES 38
CAPÍTULO 5: 16 CRISTALES MÁS AVANZADOS QUE DEBE
POSEER 52
CAPÍTULO 6: EL USO DE LOS CRISTALES PARA LA
PROTECCIÓN 68
CAPÍTULO 7: LIMPIEZA Y MANTENIMIENTO DE LOS
CRISTALES 80
SEGUNDA PARTE: LOS CRISTALES Y LOS SIGNOS DEL
ZODIACO 89
CAPÍTULO 8: LOS CRISTALES PARA LOS SIGNOS DE
TIERRA 90
CAPÍTULO 9: LOS CRISTALES PARA LOS SIGNOS DEL
AIRE 100
CAPÍTULO 10: LOS CRISTALES PARA LOS SIGNOS DE
FUEGO 109

CAPÍTULO 11: LOS CRISTALES PARA LOS SIGNOS DE AGUA 118
TERCERA PARTE: USO DE LAS REJILLAS DE CRISTALES 127
CAPÍTULO 12: COMPRENDER LAS REJILLAS DE CRISTALES 128
CAPÍTULO 13: LAS REJILLAS DE CRISTALES Y LAS ESTRELLAS 139
CAPÍTULO 14: LA ACTIVACIÓN DE SU REJILLA DE CRISTAL 150
CAPÍTULO 15: EL CUIDADO DE SU REJILLA DE CRISTAL 158
APÉNDICE: CRISTALES Y MINERALES DE LA A A LA Z 165
CONCLUSIÓN 172
VEA MÁS LIBROS ESCRITOS POR SILVIA HILL 174
REFERENCIAS 175

Introducción

Los cristales han sido reconocidos como una ayuda utilizada para la curación desde la antigüedad. Se encuentran en todo el mundo en muchas formas y tamaños. Varían de un lugar a otro, y algunos cristales son más comunes que otros. Cada cristal tiene su propia energía, que reacciona a diferentes tipos de personas y las cura de manera específica. Se han utilizado para mejorar el flujo de energía espiritual, ayudar en la meditación y limpiar el cuerpo. Tener cristales en su casa es una excelente idea por muchas razones.

Se dice que los cristales son utilizados por chamanes, curanderos y psíquicos de todo el mundo. Se han utilizado durante miles de años para limpiar, proteger y energizar el cuerpo, la mente y el espíritu. A medida que seguimos siendo más conscientes de nuestra necesidad de una mayor conexión con la Tierra, es normal que busquemos estos poderosos cristales curativos. Este libro ha sido diseñado para ayudarle a iniciarse en el maravilloso mundo de los cristales.

Este libro no pretende ser un tratado científico sobre los cristales y sus efectos, ya que muchos aspectos de los cristales son aún desconocidos. Más bien, está concebido para que usted comprenda el poder de los cristales y sus potenciales propiedades curativas, así como algunos métodos rituales elementales para ayudar a curarse con los cristales.

A medida que sea más consciente de su propio campo energético, le resultará fácil saber qué tipo de cristal resonará con usted o le ayudará en su proceso de curación en una situación concreta. Este libro representa una introducción perfecta para el principiante y una referencia completa para el usuario avanzado. Cada persona es diferente, y también lo son los cristales que utiliza en su viaje de curación. Cuanto más aprenda sobre los cristales, más podrá adaptar su propio viaje personal con los cristales a la medida de sus necesidades.

Primera parte: Conceptos básicos sobre los cristales

Capítulo 1: ¿Cómo se crean los cristales y los minerales?

Es habitual ver que las palabras "cristal", "mineral" y "piedra preciosa" se utilizan indistintamente. Sin embargo, es vital entender que no son necesariamente lo mismo. Aunque están relacionados y a menudo se colocan juntos, los cristales, los minerales y las piedras preciosas tienen propiedades muy diferentes que pueden observarse bajo un microscopio.

Los cristales y los minerales tienen propiedades diferentes.
https://unsplash.com/photos/cVt0u781VGo

Cristales

Solo un pequeño porcentaje de los materiales que componen nuestro mundo son cristales y, como tales, hay pocas formas de distinguirlos. Se producen mediante un proceso natural llamado cristalización. Aun así, no siempre es fácil encontrar un cristal con tantos otros materiales que se forman mediante este proceso. Suelen encontrarse en las rocas ígneas, que se formaron a través de volcanes y de diferentes procesos minerales, o también pueden encontrarse en las rocas sedimentarias. Algunos ejemplos de cristales son la sal, el azúcar y la nieve.

Minerales

Un mineral es un término genérico para una sustancia de origen natural formada por uno o más elementos; no incluye objetos naturales como las rocas. Los minerales pueden ser cualquier número de materiales diferentes, pero suelen definirse por su composición química y su estructura cristalina. Suelen encontrarse en los yacimientos de rocas ígneas y pueden distinguirse por diversas propiedades físicas como la dureza, el color y la densidad. Los minerales tienen muchas formas y tamaños. Sin embargo, la mayoría tienen un aspecto único que los hace fáciles de reconocer. Algunos ejemplos son el oro, la plata, el hierro y el calcio.

Piedras preciosas

Son las más coloridas e interesantes de las tres, pero también son las más difíciles de encontrar. Las piedras preciosas se diferencian de otros minerales en que se utilizan principalmente en la fabricación de joyas y en el diseño decorativo. También deben encontrarse solo en determinados lugares y no deben contener impurezas o defectos. Es raro encontrar una piedra preciosa genuinamente natural, ya que debe ser extraída o cultivada artificialmente en condiciones de laboratorio. Los diamantes, las esmeraldas, los rubíes y los zafiros son piedras preciosas comúnmente conocidas. Se encuentran sobre todo en formaciones rocosas ígneas, pero también pueden extraerse de rocas metamórficas y sedimentarias.

Cristalización

La cristalización es un proceso natural en el que las sustancias cristalinas se forman a través de cambios causados por el calor, la presión y el tiempo. Cuando el agua líquida se somete a temperaturas muy elevadas, puede convertirse en gas y luego comenzar a enfriarse. Este proceso de enfriamiento se produce en la superficie del elemento, dando lugar a la formación de pequeños cristales o granos. Estos granos pueden entonces fundirse y afectar a otras moléculas, provocando su crecimiento. Este proceso de crecimiento se conoce como nucleación. Se trata de un proceso en el que las moléculas de una sustancia pueden crecer y formar granos al desprenderse de los líquidos o al añadirse moléculas de otra sustancia. Estos granos pueden entonces crecer en tamaño, llegando a ser lo suficientemente grandes como para ser detectables a simple vista. La nucleación se produce cuando un átomo o molécula se une fuertemente a otra cosa, como cuando una molécula se une a otra dentro de un líquido o un gas. Los cristales y las piedras preciosas son el resultado de la nucleación.

Tipos de cristalización

Hay tres tipos diferentes de cristalización:

- *El primer tipo se conoce como "seta" o cristal lamelar.* Este proceso tiene lugar en la superficie de un elemento. Un líquido o vapor puede nuclearse y crecer hasta convertirse en un cristal cuando toca la superficie. Este tipo se utiliza en muchos procesos, como la producción de sal y azúcar. Estos cristales tienden a ser muy pequeños, expresados visualmente a través de su estructura atómica como si tuvieran puntas de aguja en sus partículas. También son muy frágiles y propensos a romperse, lo que dificulta su uso en muchas aplicaciones en las que se requiere una gran resistencia.

- *El segundo tipo es la "esferulita".* En este proceso, los átomos o las moléculas se enlazan en una estructura similar a una cadena. Los más cercanos entre sí siguen creciendo y pueden llegar a organizarse en un patrón visualmente reconocible para los científicos. Este proceso se conoce como "crecimiento" y se produce a temperaturas de 300-500 °C. Un ejemplo de este tipo de crecimiento sería la nieve, que se cristaliza cuando el agua se enfría lo suficiente como para congelarse. Este proceso de crecimiento puede producirse a cualquier temperatura, aunque el ritmo es mucho mayor a temperaturas cercanas al punto de congelación. Los cristales de nieve son muy comunes, y su expresión visual revela grupos de granos que parecen bombillas sobre un mar de blanco.

- *El tercer tipo de cristalización también se conoce como precipitación.* Este proceso se produce con la ayuda de un núcleo. Un núcleo es una zona rodeada de líneas de átomos o moléculas, como un cristal. Se forma cuando dos elementos se encuentran en un entorno rico en agua. Los dos elementos se separan en sus componentes salinos y metálicos, que luego pueden combinarse con otros átomos libres en el agua para formar nuevos iones. Estos iones pueden entonces interactuar con los iones del otro elemento para formar una nueva sustancia, asentándose y creciendo en un nuevo cristal.

Cada tipo de cristalización puede producir cristales o granos de diferentes tamaños y formas, dependiendo de las condiciones presentes en el punto de nucleación y de la cantidad de tiempo que tarde en producirse el crecimiento. Los cristales pueden utilizarse en diversas aplicaciones, desde la producción de materiales útiles hasta la decoración de nuestros hogares. Constituyen una forma extraordinaria de transformar las rocas en otros materiales y son un proceso realmente fascinante de entender.

Redes cristalinas

La red cristalina es lo que permite el crecimiento de la estructura cristalina en los minerales. Está formada por átomos fuertemente empaquetados y a veces puede considerarse una combinación de una red molecular y una red atómica. Una red molecular es cuando se producen enlaces débiles entre los átomos, que mantienen las moléculas en su lugar durante largos periodos. Una red atómica existe durante periodos mucho más cortos, pero proporciona una fuerte unión entre los átomos de su estructura. La combinación de ambos permite la formación de la red cristalina, lo que da a las sustancias cristalinas sus propiedades únicas.

Una red cristalina existe en una disposición tridimensional de átomos conocida como *grupo espacial*. Se puede considerar como una rejilla, en la que los átomos forman capas, y cada capa tiene átomos similares. Sin embargo, hay diferencias en los tipos de enlaces y sus posiciones dentro de la red cristalina. Todos los grupos espaciales tienen un punto A definido por el número y la orientación de los átomos de la capa superior. El punto A representa la conciencia o el orden dentro de un cristal. Por ejemplo, solo un átomo puede estar en este punto, ya que solo puede unirse a un elemento a la vez. Este átomo forma un enlace débil o está rodeado por otros con enlaces diferentes. El punto A es especial en la red cristalina.

Se puede pensar en un cristal como un objeto tridimensional, con los átomos que lo componen dispuestos de forma que les permite enlazarse. Los átomos de una red cristalina tienen diferentes tipos de enlaces y posiciones, lo que les permite adoptar múltiples formas. Estas están determinadas por el orden de los átomos que se encuentran dentro de cada capa. Este orden viene determinado por el espaciado entre cada capa en la notación de grupo espacial. La notación de grupos espaciales es esencial porque indica a los científicos qué tipos de enlaces existen entre los grupos de átomos y también dónde están situados dentro de la estructura tridimensional de la red.

Tipos de redes cristalinas

Existen tres tipos de redes cristalinas: Los cuasicristales, las cúbicas centradas en el cuerpo y los grupos espaciales. Los dos primeros tipos se descubrieron a principios del siglo XX. Sin embargo, hubo un largo periodo en el que los científicos pensaron que todos los cristales eran idénticos. Esto llevó a que se hicieran muchos experimentos incorrectos para intentar demostrar que todos los cristales tenían la misma estructura. Sin embargo, solo después de investigar las propiedades que son únicas de los cristales, los científicos empezaron a darse cuenta de lo vitales y únicas que eran estas estructuras. Su posición dentro de la red también era importante, ya que cada una podía encontrarse en múltiples posiciones dentro de una estructura de red con su correspondiente propiedad única.

- **Cuasicristal:** El primer tipo de red cristalina es un cuasicristal. También se conoce como estructura no repetitiva, lo que significa que el patrón que sigue no se repite. Aunque parecen muy complejas, son muy sencillas de entender. Cada estructura dentro de la red cristalina puede encontrarse en todas las demás capas que componen el cristal. Una forma excelente de entender este patrón estructural es observando los reflejos de un objeto en movimiento. Cuando vea su reflejo a través de un objeto en movimiento, como el agua o el cristal, le parecerá que es inmóvil y perfectamente simétrico, aunque en realidad no lo sea. Este es un ejemplo de cómo se puede pensar en los cuasicristales. Cada átomo de la red cristalina está colocado en la misma posición, lo que hace que parezca tener simetría en su estructura. Sin embargo, este no es el caso, ya que la verdadera simetría no existe en una estructura de cuasicristal.

- **Cúbica centrada en el cuerpo:** El segundo tipo de red cristalina es la red cúbica centrada en el cuerpo. También se conoce como grupo espacial simétrico, y tiene en su interior las llamadas subredes cúbicas centradas en el cuerpo. Una estructura cúbica centrada en el cuerpo tiene muchas capas en su interior, a diferencia de los cuasicristales, que solo tienen una capa por cada átomo de su red. Esto se debe a que las estructuras cúbicas centradas en el cuerpo tienen propiedades diferentes.

- **Grupos espaciales:** El tercer tipo es el grupo espacial. Este es el tipo más común de red cristalina y puede encontrarse en la mayoría de los cristales. Hay muchos tipos de grupos espaciales, cada uno con su conjunto único de propiedades. Todos tienen un alto nivel de simetría y presentan simetrías similares entre sí; sin embargo, no son idénticos, ya que existen ligeras diferencias entre ellos.

Sistema de cristales

Los sistemas de cristales son muy importantes cuando se habla de sustancias cristalinas y de su estructura. La palabra cristal proviene del latín *crystallum*, que se refiere al *hielo*. El hielo es una forma de materia, pero también tiene una estructura cristalina, y esto es una referencia directa a los minerales. Los cristales existen desde hace millones de años, así que ¿cómo saben los científicos que se parecen a los copos de nieve? Un sistema de cristales permite a los científicos e investigadores determinar las propiedades de minerales que parecen iguales, pero que son muy diferentes. Al igual que la apariencia de los copos de nieve puede variar, también lo hacen sus estructuras y su disposición. Aunque tienen la misma estructura básica, los copos de nieve varían en forma, tamaño y número de brazos. Esto es similar a los cristales, que están hechos de los mismos elementos, pero tienen propiedades y disposiciones diferentes. Existen siete tipos de sistemas cristalinos: triclínico, monoclínico, ortorrómbico, hexagonal, tetragonal, trigonal y cúbico. Sin embargo, solo los tres primeros mencionados son comúnmente conocidos. A continuación se presentan los siete sistemas cristalinos diferentes que se utilizan hoy en día, y una explicación de cada uno para que quede un poco más claro:

Sistema triclínico: El sistema triclínico es solo uno de los sistemas cristalinos divisibles por un solo ángulo; todos los demás son divisibles por más de un ángulo. El sistema cristalino triclínico consta de tres ejes de longitud desigual, que forman ángulos entre sí, que están a 120 grados. Los ángulos entre ellos suelen ser idénticos y forman ángulos iguales entre sí en relación con los puntos de la red. Ejemplos de minerales de esta categoría son la turquesa, el feldespato y la cianita.

Sistema monoclínico: El sistema cristalino monoclínico es divisible por dos ángulos y tiene tres longitudes desiguales. Los ángulos entre ellos son diferentes y cada uno de los tres ejes forma ángulos iguales con los puntos de la red. Ejemplos de minerales que entran en esta categoría son el bórax, la jadeíta y el yeso.

Sistema ortorrómbico: El sistema ortorrómbico es un sistema cristalino con un eje de longitud desigual y dos ejes perpendiculares. Los dos ejes perpendiculares son de igual tamaño y en este sistema hay un centro de simetría en algún lugar del medio. Este es el sistema cristalino más común en los minerales, ya que es más estable que los otros sistemas. Ejemplos de minerales de esta categoría son el topacio, la cerusita y el olivino.

Sistema hexagonal: Para describir este tipo de estructura, los científicos la denominan subestructura romboédrica. Esto significa que hay seis ejes en ángulo recto entre sí, dispuestos en un cubo con seis caras. Cada cara puede describirse como un triángulo equilátero en el que confluyen las cuatro esquinas del cubo. También se describen como octaedros que forman una red hexagonal. Ejemplos de minerales que entran en esta categoría son la zincita y la aguamarina.

Sistema tetragonal: El sistema tetragonal consta de cuatro ejes perpendiculares entre sí y con longitudes iguales. Los ejes están dispuestos en un tetraedro y tienen dos planos iguales que discurren perpendicularmente. Cada plano se une a los cuatro ejes en las esquinas del cubo. Además de tener un centro de simetría, un plano recorre el centro de cada eje y ambos lados se encuentran con él. Ejemplos de minerales de esta categoría son la wulfenita, la apofilita y el rutilo.

Sistema Trigonal: El sistema trigonal también se conoce como antiprisma trigonal. Esta estructura consiste en tres ejes de igual longitud dispuestos en un cubo con tres facetas de igual longitud. Estas facetas pueden describirse como prismas hexagonales, que son triángulos que se unen en las esquinas del cubo. Por si estas tres facetas idénticas no fueran suficientes para conformar este sistema, también hay un centro de simetría que pasa por el medio de cada cara. Ejemplos de minerales que entran en esta categoría son el ágata, el ojo de tigre y la calcita.

Sistema cúbico: El sistema cúbico es uno de los más estables, fuertes y resistentes de todos los sistemas cristalinos. Consta de cuatro ejes de longitud desigual. Están dispuestos en cuadrados que forman ángulos rectos entre sí y tienen cuatro ángulos en ellos. Por último, un centro pasa por el medio de cada eje. Así pues, estos cuadrados pueden colocarse en un cubo, ya que todos se encuentran en las esquinas exactamente en ángulo recto. Ejemplos de minerales de esta categoría son la fluorita, la espinela y el diamante.

Se han descubierto muchos otros tipos de estructuras cristalinas a lo largo del tiempo, y podría existir más de un tipo de estructura cristalina a la vez dentro de un mineral. La diferencia entre la estructura cristalina de un mineral y la estructura de ese mineral cuando se funde es muy significativa. Esto se debe a que cuando una sustancia está fundida, puede tener una estructura cristalina completamente diferente en comparación con su forma sólida. Esto hace que sea muy importante para los científicos conocer las diferentes estructuras cristalinas de ciertos minerales para poder identificarlos correctamente. Esto les permite predecir las propiedades y características propias de esa roca concreta y clasificarlas para su posterior investigación. Esto es esencial para que los científicos puedan desarrollar nuevas formas de procesar y utilizar los minerales y crear mejores materiales superresistentes con cualidades mejoradas. También abre nuevas posibilidades para extraer metales útiles de estos minerales.

Además, el hecho de que los minerales existan en seis sistemas cristalinos diferentes puede causar confusión. Esto se debe a que, en la mayoría de los casos, la forma de un mineral no coincide con su estructura cristalina real. Para que los científicos puedan averiguar a qué estructura pertenece, tienen que descomponerlo en pequeños fragmentos y estudiarlos individualmente. Esto se conoce como el proceso de análisis químico, y puede llevar mucho tiempo. Los científicos recurren a la cristalografía de rayos X para conocer la estructura cristalina de un mineral, ya que es un método extremadamente importante para determinar sus propiedades.

En conclusión, las estructuras cristalinas de los minerales desempeñan un papel importante en el estudio de la materia. Son muy útiles a la hora de desarrollar nuevas tecnologías, así como para poder comparar y contrastar estos minerales entre sí. También es esencial para los científicos saber a qué tipo de sistema cristalino pertenece un mineral para poder clasificarlos con precisión, lo que es necesario para crear nuevas tecnologías eficaces. Por eso las estructuras cristalinas son tan importantes y merecen más reconocimiento.

El análisis de la estructura cristalina no se limita solo a los minerales, sino que también puede utilizarse con piedras preciosas como el zafiro, la amatista, los rubíes y las esmeraldas. Esto se debe a que las piedras preciosas son cristalinas, lo que significa que también tienen una estructura cristalina única. Aunque las piedras preciosas no son minerales -ya que los minerales están formados por metales y elementos no metálicos-, algunas gemas pueden considerarse metálicas o no metálicas. Esto se debe a que algunas piedras preciosas pueden contener átomos metálicos o no metálicos, además de algunas moléculas orgánicas. Esto puede afectar a sus estructuras cristalinas, pero las piedras preciosas suelen pertenecer a uno de los seis sistemas cristalinos principales. Con este profundo conocimiento de las piedras preciosas y su peculiar estructura, ya está usted preparado para pasar a algo mucho más intrigante: las propiedades curativas que contienen estas piedras.

Capítulo 2: Las propiedades curativas de los cristales

La curación con cristales no es solo un pensamiento espiritual o mágico. Es un proceso profundamente científico con una larga historia, y ha sido utilizado para tratar enfermedades y lesiones por muchas culturas de todo el mundo. Los cristales pueden programarse, cargarse y prestar sus propiedades a la persona que trabaja con ellos. Hay diferentes escuelas de pensamiento sobre cómo hacen esto exactamente estas piedras, pero está claro que algo en la composición física de las energías de los cristales permite la transformación a un nivel diferente que otras formas de medicina o curación. Esto se ha demostrado a través de muchos estudios sobre personas que han probado el uso de cristales junto con los tratamientos habituales para enfermedades que van desde el resfriado común hasta enfermedades tan graves como el cáncer.

Los cristales se han utilizado ampliamente para la curación a lo largo de la historia.
https://unsplash.com/photos/YRrj9QMbv9o

Los cristales no son las únicas herramientas que pueden utilizarse para curar, pero tienen propiedades que los hacen especialmente adecuados para esta tarea. Es razonable suponer que los otros medicamentos convencionales utilizados en estos estudios también afectaron a la enfermedad, pero no funcionaron tan bien como cuando se combinaron con estas piedras especiales. La mejor teoría sobre cómo ocurre esto es por algún tipo de transferencia de energía o resonancia entre la persona y el cristal durante su tratamiento, y esto puede funcionar de diferentes maneras, incluso sin ninguna habilidad psíquica por parte de la persona.

Cómo actúan los cristales con nuestra energía

Los cristales están formados por una red de átomos y moléculas que están dispuestos en un patrón muy específico que se repite en toda la piedra. La forma en que estas moléculas vibran a diferentes frecuencias les permite realizar diversas acciones de varias maneras. La mayoría de las piedras tienen un efecto físico sobre nosotros cuando entramos en contacto con ellas, pero los efectos más significativos que experimentamos de los cristales provienen de sus vibraciones. Estas vibraciones interactúan con el campo energético electromagnético de nuestro cuerpo y pueden ayudar a regular el flujo de qi (o chi, prana, ki u otros términos que haya oído) que fluye por todo nuestro cuerpo.

Si esas vibraciones están desequilibradas o son débiles, pueden reequilibrarse mediante un tratamiento con un cristal de vibración adecuada. Este efecto puede extenderse a todo el campo energético de una persona o afectar solo a zonas específicas que necesitan curación. Cuando los cristales se utilizan como parte de un tratamiento holístico, proporcionan un espectro completo de beneficios que van mucho más allá de lo que producen las píldoras aisladas de betacaroteno y el ibuprofeno.

Qi, frecuencia y cristales

Muchas personas están familiarizadas con la idea de que la energía qi fluye dentro de nuestro cuerpo, pero no están seguras de lo que significa. El qi es un tipo de energía que se origina en el núcleo de nuestro ser y se extiende por nuestro cuerpo físico, el aura que lo rodea y los meridianos que llevan esta fuerza vital por todo nuestro sistema. Si no está familiarizado con el qi, puede pensar en él como la fuerza vital de todos los seres vivos responsable de animar a las plantas y los animales. También es importante entender que este qi vibra a una frecuencia determinada. Se necesita tiempo, y práctica, para aprender a detectar esta energía y utilizarla en nuestras vidas. Puede pensar en la vibración del qi como en un internet cósmico que lo conecta todo. Cuando las ondas energéticas del qi están en su punto más fuerte, actúan como esta superautopista para la información que comparten todos los seres vivos. Cuanto más qi pueda mantener fluyendo por todo su sistema, su cuerpo físico estará más coordinado. Cuanto más fuerte sea el flujo general de qi dentro de usted, más talentos, rasgos y habilidades tendrá probablemente. En la práctica, la mejor manera de aprovechar su qi es utilizando cristales que resuenen en la frecuencia del qi que desea potenciar.

El campo electromagnético que nos rodea no es tan duro o rígido como creemos. Se expande y se contrae en diferentes momentos y en diferentes estaciones. Nuestro cuerpo transporta las frecuencias de todos los dispositivos y aparatos electrónicos que utilizamos, desde los televisores hasta los hornos microondas. Esta misma energía entra por la piel y recorre nuestro cuerpo a través de los meridianos, donde puede fluir hacia el exterior e interactuar con los campos y sistemas de otras personas. Puede utilizar los cristales para interactuar con su qi y devolver el equilibrio a su cuerpo. Cuando trabaje con cristales, debe establecer la intención en su mente y luego programar el cristal para que lleve a cabo ese propósito. Los cristales son muy buenos para llevar a cabo funciones y tareas específicas cuando se programan, cargan o preparan adecuadamente para su uso dentro de una estructura energética.

Aura

El aura es un campo electromagnético que existe alrededor de su cuerpo físico. Puede percibirse a simple vista, aunque es posible que tenga que entrenarse para verlo. El aura puede verse influida por muchas cosas, desde las enfermedades y las emociones negativas hasta las fuerzas electromagnéticas y los cristales. El flujo energético del aura depende del equilibrio de sus diferentes capas, y cada capa tiene un significado y un color determinado. Estas capas también afectan a la forma general del aura en sí. La forma o el tipo de aura no dice nada sobre la personalidad, la salud o el progreso espiritual de una persona, pero sí dice algo sobre cómo esa persona interactúa con su entorno físico y con las demás personas que la rodean. Saber cómo ver las auras y cómo su aura interactúa con los cristales es una habilidad importante que hay que tener. Es especialmente útil si piensa utilizar un cristal para la curación personal porque puede revelar la mejor manera de trabajar con él para conseguir los resultados más eficaces.

Los colores del aura son un buen indicador de la salud de un individuo y del espíritu con el que interactúa en el mundo que le rodea. Conocer los colores de su aura puede ayudarle a determinar cómo trabajar con diferentes tipos de piedras y cómo utilizar sus cristales para los fines que mejor le sirvan. Esto también implica aprender sobre las capas del aura, su movimiento y si algo está mal. Todos tenemos tres capas:

La capa más importante del aura es la capa etérica. Esta es la capa más cercana a su cuerpo, y está formada por diminutos filamentos que dan a su doble etérico su forma y figura. Si esta capa se daña o se desalinea, entonces su cuerpo físico también puede verse afectado. La capa etérica es la responsable de su conexión con el mundo físico, y es la responsable de su autoridad interior. Debido a su proximidad con el cuerpo físico, los desequilibrios energéticos en esta capa repercuten directamente en su salud física. Si está enfermo o tiene un sistema inmunológico debilitado, puede estar seguro de que hay problemas con su capa etérica. Una de las formas más eficaces de sanar la capa etérica es mediante el uso de cristales, ya que actúan como conductos de energía, tienen un efecto profundo en el aura y pueden ayudar a restablecer el equilibrio de sus capas dañadas.

La segunda capa del aura se conoce como cuerpo emocional o astral, que le permite sentir las emociones. Esta capa está formada por pequeñas fibras que vibran muy rápido y son responsables de su bienestar emocional. Hay una gran cantidad de energía emocional en el cuerpo astral, lo que lo hace susceptible a las influencias externas. Por eso debe tener cuidado con el uso de los cristales cerca de otras personas. Supongamos que quiere potenciar su energía emocional para dotarse de más claridad, entusiasmo y alegría. En ese caso, puede elegir cristales con las energías correspondientes. Algunos cristales que pueden ayudarle en este sentido son el cuarzo rosa, el ópalo, el citrino claro y el lapislázuli. La mejor manera de trabajar con estas piedras es tener un propósito específico en mente y concentrarse en él mientras medita o sostiene la piedra.

La última capa del aura es el cuerpo mental o doble etérico. Esta capa aparece como una especie de niebla que rodea su cuerpo, definiendo sus límites y proporcionándole un sentido innato de su individualidad. El doble etérico no permite que pase ninguna energía a través de él, excepto aquellas energías que usted haya aceptado experimentar previamente. Este sentido de la individualidad es una parte importante de su autoidentidad y le permite saber que está separado de todos los demás. El cuerpo mental también es responsable de su capacidad de razonamiento y de su nivel de comprensión. Le dice lo que debe pensar y le ayuda a desarrollar un punto de vista particular sobre cada situación. El cuerpo mental también protege los centros energéticos superiores del cuerpo humano, que se encuentran en la zona de la cabeza. Proteger sus centros superiores es un elemento clave para la salud y el bienestar general. En cuanto a los centros de energía, el cuerpo humano cuenta con siete de ellos y se conocen como chakras.

Los siete chakras

El cuerpo humano está formado por centros de energía sagrados en constante flujo, que proporcionan un vínculo vital entre los reinos físico y espiritual. Estos centros de energía están situados en zonas de especial sensibilidad para el cuerpo físico. Están unidos por una sustancia sutil conocida como *nadi*, que proporciona canales que permiten que la kundalini fluya por el cuerpo. Estos canales discurren a lo largo de la columna vertebral, haciendo que se erija como un tronco de árbol o un báculo. La columna vertebral se considera, por tanto, nuestro bastón o eje cósmico, y nos conecta con los mundos superiores que están por encima de nosotros. Este eje cósmico también nos conecta con la Tierra por debajo de nosotros, proporcionando un canal vital para que nuestros nutrientes y energías pasen a través de él para ayudar a sostener nuestras vidas aquí en la Tierra.

Hay siete chakras.
https://pixabay.com/es/illustrations/chakras-cuerpo-yoga-7271423/

Los chakras son la base de nuestro pensamiento, sentimiento, sensación y vitalidad. También nos proporcionan una fuente de clarividencia, clariaudiencia y telepatía. También son responsables de nuestro sentido de autonomía e individualidad y nos proporcionan una fuente de poder. Un elemento clave para la salud general es el equilibrio de todos estos centros energéticos. Por lo tanto, es importante que comprendamos su importancia y cómo abrirlos para tener más acceso a las energías curativas.

La apertura de nuestros chakras se llama despertar de la Kundalini. Se trata del proceso de despertar sus poderes psíquicos internos, que es necesario para lograr una larga vida, una salud perfecta y el bienestar. Supongamos que está interesado en el despertar de la Kundalini y en cómo puede ayudarle a conseguir una mayor sensación de autocontrol y fuerza interior. En ese caso, hay muchas maneras de hacerlo, pero en este libro, tomaremos la ruta del cristal. Hay siete chakras principales en el cuerpo humano, que están conectados a los órganos vitales, y están situados en este orden:

1. El primer chakra se conoce como **Muladhara**, situado en la base de la columna vertebral. Su función principal es controlar nuestras funciones físicas, financieras y reproductivas.

2. El segundo chakra se conoce como **Svadhisthana**. Está situado justo debajo del ombligo y su función principal es ayudarnos con el autocontrol.

3. El tercer chakra se conoce como **Manipura**, y este chakra controla nuestro sentido de identidad y poder. Está situado en el estómago.

4. El cuarto chakra, conocido como **Anahata**, es responsable de nuestro corazón y de los órganos del pecho. Este chakra también regula nuestra respiración, el sistema inmunitario y la salud emocional. Está situado en el centro del pecho.

5. El quinto chakra se conoce como **Vishudda**. Está situado en la base de la garganta y regula nuestro sentido del sonido y la comunicación.

6. El sexto chakra se conoce como **Ajna**, situado entre las cejas. Su función principal es regular nuestra intuición, poderes psíquicos y clarividencia.
7. El séptimo chakra, conocido como **Sahasrara**, está situado en la parte superior de la cabeza. Este chakra es nuestra principal conexión con la espiritualidad y es responsable de nuestra iluminación.

Ahora que conocemos la ubicación de los siete chakras, podemos empezar a trabajar con ellos mediante el uso de cristales. El primer paso es determinar qué cristal corresponde a cada chakra y luego centrar su atención en ese cristal mientras medita o realiza su jornada.

El primer chakra, Muladhara, se corresponde con el color rojo, un color de conexión a tierra. Los cristales rojos son conocidos por proporcionarnos energía física, vitalidad y fuerza. Son piedras enraizantes que nos ayudan a ser más conscientes de nuestro entorno físico y nos proporcionan protección contra las fuerzas externas. Algunos ejemplos de cristales rojos son el cuarzo ojo de tigre rojo y el jaspe rojo.

El segundo chakra, Svadhisthana, corresponde al color naranja. Los cristales naranjas son poderosos cristales de rayo que nos ayudan con el autocontrol, la sensualidad y la sexualidad. También nos ayudan a ser menos egocéntricos y a estar más en contacto con nuestra naturaleza espiritual. Algunos ejemplos de cristales naranja son el citrino y el cuarzo ojo de tigre.

El tercer chakra, Manipura, corresponde al color amarillo. Las piedras amarillas nos ayudan con la claridad mental, la toma de decisiones y la lógica. Nos ayudan a ser más ingeniosos y a aumentar nuestra vitalidad general mediante el uso de la practicidad y la frugalidad. Las piedras amarillas también promueven el sentido de la justicia, la igualdad y la equidad, además de proporcionar un equilibrio entre nuestra salud física y espiritual. Algunos ejemplos de cristales amarillos son el ámbar y el cuarzo limón.

El cuarto chakra, Anahata, corresponde al color verde. Las piedras verdes nos ayudan con el sentido de la compasión y el amor, que es crucial en nuestro viaje espiritual. También son conocidas por su capacidad para regular nuestras emociones y darnos una mayor conciencia de lo que ocurre a nuestro alrededor.

Algunos ejemplos de cristales verdes son las esmeraldas, la amatista verde y el jade.

El quinto chakra, Vishudda, corresponde al color azul. Los cristales azules nos ayudan a recuperar la armonía en nuestro interior y con los demás. También nos ayudan a experimentar sentimientos elevados dentro de nuestro chakra del corazón debido al color de sus energías. Algunos ejemplos de cristales azules son el lapislázuli y la aguamarina.

El sexto chakra, Ajna, corresponde al color índigo. Las piedras índigo nos ayudan con el autocontrol, y también nos ayudan a sintonizar con mayores niveles de conocimiento y sabiduría a través de la clarividencia y la telepatía. Algunos ejemplos de cristales índigo son la turquesa y la celestita.

El séptimo chakra, Sahasrara, corresponde al color violeta. Las piedras violetas nos ayudan a espiritualizarnos más a través de una sensación de iluminación y serenidad. Algunos ejemplos de cristales violetas son la amatista, la fluorita púrpura y el zafiro púrpura.

¿Cómo sanan los cristales?

La estructura cristalina de las piedras es una parte importante de su potencial como medicina, pero no es lo único que importa. Los cristales hacen algo más que influir en nuestro cuerpo de forma aparente, incluso sin contacto con nosotros. Las piedras utilizan sus poderes para crear efectos en nuestro entorno. Pueden considerarse sistemas meteorológicos en miniatura que influyen en el mundo que nos rodea, incluidos nosotros. La energía que transportan puede impactar significativamente en aquellos que son sensibles a las energías de los cristales, especialmente si se colocan en zonas donde se reúne la gente. Colocar un cristal en algún lugar afecta a lo que hay a su alrededor porque ha colocado una firma energética en la zona.

Por eso, poner un cristal encima de su teléfono, ordenador o cualquier otro aparato electrónico puede hacer que este empiece a hacer algo raro. Eso es porque el cristal emite un campo de energía que influye en el funcionamiento de estos aparatos. Puede que ralentice su ordenador o interfiera en su señal, o puede que no haga nada en absoluto, pero está haciendo algo, y si usted es sensible a este tipo de cosas, puede sentirlo en su cuerpo. Esto se debe a que el cristal está conectado a su cuerpo, y el campo electromagnético de su cuerpo afecta a todos los cristales cercanos. Así que, cuando pone un cristal cerca de algo como un teléfono o un ordenador, ese objeto está en el extremo receptor de cualquier qi que emita el cristal.

Se ha dicho que el cuerpo es un mapa del universo, pero también es una representación del mundo en el que vivimos, ya que lo que está fuera de nosotros también está invariablemente dentro de nosotros. Cuando exploramos nuestro interior mediante procedimientos médicos y pruebas de diagnóstico, también estamos explorando nuestro mundo exterior. Todas las cosas forman parte de esta experiencia completa. Por lo tanto, cuando diagnosticamos o tratamos cualquier aspecto de nuestro cuerpo, también tratamos todas las partes que conforman lo que somos.

Nuestro cuerpo contiene todas las influencias que actúan sobre nosotros desde todo lo que nos rodea. Nuestros cuerpos -y la forma en que interactuamos con el entorno- se ven afectados por la energía que recibimos. El modo en que nos sentimos con respecto a nuestra vida y a nosotros mismos se ve afectado por la energía que tomamos diariamente del entorno. Lo que usted trae a su vida se refleja de vuelta a usted en la forma en que afecta a su salud. Su estado emocional afecta a la salud de su cuerpo tanto como su estado físico afecta a su salud emocional. Eso es porque todos están interconectados. Todo lo que usted percibe como parte de sí mismo influye en todos los demás aspectos de su persona, incluyendo cómo se siente física, mental y emocionalmente.

Su salud es un reflejo directo de su vida en general y también de la forma en que piensa sobre sí mismo. Si se siente bien consigo mismo, entonces su cuerpo se sentirá bien. Si no se siente bien consigo mismo, entonces su cuerpo no podrá funcionar de la manera que usted desea, e incluso cuando lo haga, habrá muchos bloqueos y desequilibrios en su cuerpo. Se necesita cierta fuerza de carácter para cuidar verdaderamente de su salud, y hacerlo es la única cura para la enfermedad que forma parte de lo que usted es. Hace falta cierto tipo de valor para elegir la cordura en lugar de la locura. Hace falta un profundo nivel de respeto por su propio cuerpo para recordar que no es solo la suma de todo lo que le rodea, sino también una parte de algo mucho más grande que él mismo. Su cuerpo físico está compuesto por muchos sistemas, una amalgama de todo tipo de energías. Estos sistemas no solo están conectados, sino que también se conectan con el campo electromagnético que nos rodea. La forma en que interactuamos con el entorno y con nuestro cuerpo se ve afectada por la energía que recibimos. De ahí la influencia directa de los cristales en la curación.

Factores que influyen en las propiedades curativas de un cristal

Son muchos los factores que influyen en las propiedades curativas de un cristal. La siguiente es una lista de los que, en mi opinión, son los factores más importantes. No es una lista exhaustiva, pero le da una idea clara de cómo funcionan las piedras y por qué hacen lo que hacen.

Forma: Los cristales vienen en todas las formas y tamaños, y la forma en que se cortan afecta a su funcionamiento. Cualquier tipo de trozo de piedra contendrá sus propios patrones inherentes. Si un cristal está tallado de una forma determinada, puede resonar con los procesos químicos que tienen lugar dentro del cuerpo. Esta es una de las teorías que explican cómo ciertas piedras tienen un efecto curativo sobre determinadas dolencias. También hay tendencias generales en las formas, como ser cuadradas o cúbicas. Se cree que estas indican ciertas propiedades, como la conexión a tierra y el centramiento o la apertura a nuevas ideas y expresiones.

Color: Los cristales vienen en muchos colores y se han utilizado junto a los métodos curativos convencionales. Por ejemplo, existen pruebas de que los cristales rojos regulan la presión sanguínea, mientras que los azules aumentan la claridad mental y promueven una visión positiva de la vida. En general, se cree que el verde es curativo y protector, y los cristales rojos se han utilizado por sus cualidades potenciadoras.

Composición: Se refiere a la composición de un cristal y al material que se cristaliza de la tierra cuando se forma. En esto pueden influir muchas cosas, como los contaminantes provocados por el hombre o las fuerzas naturales, incluidos los ciclos del sol y la luna. A veces se considera que los cristales que se desarrollan de forma violenta tienen poderes curativos terrestres más fuertes que los que se forman en condiciones de calma. Esto se debe a que los cristales a menudo almacenan y emiten energías terrestres, y la forma en que se formaron afecta a cómo lo hacen.

Frecuencia: Los cristales pueden sintonizarse con frecuencias específicas, lo que afecta a la forma en que se almacena y absorbe su energía. Muchos cristales tienen sus propiedades curativas sintonizadas con la longitud de onda del cuerpo humano para que la energía pueda ser absorbida más fácilmente. Otros cristales pueden sintonizarse con frecuencias específicas, como las de la Tierra o las energías cósmicas, y estas pueden utilizarse para aplicaciones más amplias, como ser un agente protector del medio ambiente o representar un aspecto de lo Divino.

Piezoelectricidad de los cristales

La piezoelectricidad es la idea de que ciertos cristales pueden producir una carga eléctrica en respuesta a perturbaciones físicas. Esto se visualiza a menudo como un cristal que "dispara" energía en respuesta a vibraciones acústicas, tensión mecánica o incluso al sistema eléctrico del cuerpo. La piezoelectricidad es un tema importante de discusión en relación con los cristales y la curación. Sin embargo, puede aplicarse de forma más general en cuanto a cómo los cristales interactúan con otras formas de energía. Los cristales se ven afectados por muchos tipos de energías. Algunas de ellas son buenas para la curación y otras no.

Es importante conocer estas diferencias para poder elegir un cristal con las propiedades curativas que necesita. Algunas piedras pueden influir en los procesos metabólicos del cuerpo a través de las ondas sonoras, mientras que otras pueden utilizarse para mejorar la claridad mental y promover una visión positiva de la vida. Por ejemplo, el Centro de Geometría Sagrada utiliza diapasones especiales para aumentar el potencial piezoeléctrico de los cristales, que luego se colocan en puntos de acupuntura u otras zonas del cuerpo que necesitan curación. Según su teoría, esto afecta directamente al sistema humano y produce resultados inmediatos.

No existe una teoría única y universal sobre cómo se pueden utilizar los cristales para curar. Hay muchos factores diferentes que entran en juego y se tienen en cuenta para cada aplicación específica. Uno de los mejores indicios para saber si una piedra es saludable para usted o no es mirar su color y observar cómo reacciona cuando entra en contacto con su piel. Aunque se pueden asociar muchas cualidades diferentes a las piedras, el mejor indicador de sus poderes curativos es su efecto real sobre usted.

Capítulo 3: Tipos de formas de cristal

La forma es un factor importante para determinar las propiedades de un cristal. Los cristales vienen en varias formas y tamaños, cada uno con un significado y una firma energética propia. La mayoría de los cristales proceden de la tierra y pueden encontrarse en todas partes, desde las playas de arena hasta las cavernas profundas bajo las montañas. Estas formaciones naturales pueden crecer durante miles o millones de años antes de ser extraídas por los mineros o los aficionados al cristal. Dependiendo de su forma y formación, se cree que ciertos cristales poseen determinadas características que desempeñan un papel crucial en la transmisión de su energía.

La forma de un cristal es importante cuando se trata de la curación.
https://unsplash.com/photos/EUIALcbnQYI

Las formas de los cristales suelen estar determinadas por cómo se forman en la tierra o por cómo los mineros y coleccionistas los tallan. Muchas personas se interesan por las formas de los cristales, ya que comprender sus propiedades puede ayudarles a tomar decisiones informadas a la hora de comprar cristales para sí mismos o para otros. Dependiendo de la forma, puede ser más probable que tenga ciertas cualidades curativas o beneficios específicos para el individuo interesado. Por ejemplo, una persona que busca comprar una amatista como regalo puede querer regalar una amatista con una punta de seis lados si la persona a la que se la va a comprar tiene problemas de ansiedad o estrés. Del mismo modo, si esperan que el destinatario se sienta más conectado a la tierra y más tranquilo, puede que quieran conseguir una amatista cuya punta sea más ancha en un extremo que en el otro.

La forma de un cristal le dice mucho sobre el tipo de energía que debe esperar de él. La energía de un cristal puede describirse como vibraciones, que provienen de la estructura interna del cristal. Aunque estas vibraciones permanecen dentro del cristal, pueden compartirse con otros objetos y seres. Según la forma y la relación con la energía que se transmite, los cristales pueden utilizarse para sanar, equilibrar y fortalecer los chakras del cuerpo o incluso para calmar a una persona que se sienta ansiosa o estresada.

La forma de un cristal también puede proporcionar información sobre cómo se formó. Por ejemplo, un exterior rugoso puede indicar que el cristal ha estado expuesto a altas temperaturas y a una tremenda presión para formarse como lo hizo. Si estas condiciones se produjeron de forma natural, el cristal tendría probablemente unas vibraciones muy fuertes. Sin embargo, suponga que estas condiciones fueron creadas por el hombre (como en una mina cuando se calentó la roca para facilitar su extracción). En ese caso, puede haber menos energía presente en el cristal porque parte de su energía se perdió durante el proceso de extracción.

Se utilizan muchas tablas para describir las energías de los cristales basándose en su forma y apariencia. Algunos se fijan en todo el cristal, mientras que otros se fijan específicamente en el extremo cortado. Según la apariencia, algunos cristales pueden ser más fuertes que otros a la hora de transmitir energía. Por ejemplo, un cristal tallado con punta de hexágono suele considerarse muy potente porque hay muchos ángulos y superficies diferentes desde los que se puede transmitir la energía. Sin embargo, otra tabla puede considerar que un cristal con una punta mucho menos definida es más potente porque sus propiedades cristalinas no han sido alteradas por la manipulación con instrumentos afilados.

En términos de propiedades curativas, algunos cristales pueden ser más fuertes en ciertas áreas que en otras. Un cristal con muchas facetas en la parte superior puede ser capaz de concentrar la energía en ciertas áreas mientras reduce la energía en otras. En algunos casos, las diferencias energéticas entre las distintas formas de cristal serán sutiles y no serán perceptibles para algunos. Sin embargo, ciertas personas pueden tener un sentido agudo de lo que ocurre dentro del cristal y de cómo interactúa con su energía. Estas personas pueden utilizar su percepción para ayudar a determinar qué cristales les irán mejor y por qué. No todo el mundo puede hacer esto, y eso está bien. Para aquellos que necesiten un poco de ayuda, a continuación encontrará una lista de las formas de cristal más comunes, lo que generalmente significan y cómo puede utilizarlas:

Piedras rodadas

Las piedras rodadas también se denominan piedras pulidas porque cuando se fabrican, el exterior áspero se muele para crear una superficie lisa. Este proceso puede llevar bastante tiempo, pero el resultado es una piedra lisa y aparentemente perfeccionada con muchos usos. Si quiere trabajar con cristales en su casa o en su persona, las piedras rodadas pueden ser una opción adecuada, ya que suelen ser fáciles de sostener y llevar consigo. Puede que no sean tan impresionantes como otros cristales, pero eso no significa que no tengan propiedades sorprendentes.

Significado: Las piedras rodadas tienen que ver con la energía de la tierra. Puede sentirse estable y seguro cuando esté cerca de uno de estos cristales. Pueden ser una excelente ayuda si necesita mantenerse concentrado en el trabajo o en la escuela o en cualquier situación en la que necesite mantener la calma y sentirse seguro. La piedra rodada también es una buena elección si uno de sus chakras necesita ser energizado, ya que asegurará que el flujo de energía que se mueve hacia el cuerpo se mantenga estable y consistente.

Ventajas: Suelen ser económicas y fáciles de encontrar. Puede colocarlas fácilmente en su casa para ayudarle a mantenerse conectado a la tierra o tenerlas a mano si necesita mantener la calma. La piedra rodada es también una pieza excelente para alguien que se sienta herido o disgustado, ya que puede ayudarle a sacar sus frustraciones y su tristeza. Es una buena pieza para cualquiera que quiera generar energía positiva a su alrededor y para cualquiera que necesite un cristal curativo a largo plazo, especialmente si ha empezado a desarrollar energía negativa.

Desventajas: La piedra rodada no es la mejor elección si busca un cristal que haga que su energía se mueva o vaya en la dirección correcta rápidamente. Puede llevarle algún tiempo captar la energía que emite una piedra rodada, pero una vez que lo haga, probablemente nunca se sentirá mejor. Las piedras rodadas tampoco son una excelente elección si desea un cristal que le ayude a liberar la energía estancada. Como son muy tranquilas por naturaleza, no son ideales para ayudarle a liberar lo que pueda estar atascado en su aura o chakras. Pueden ser buenas para liberar emociones específicas, pero no necesariamente le ayudarán con la transición de una emoción a la siguiente.

Otro inconveniente de la piedra rodada es que no contiene muchas facetas. Un cristal con muchas facetas puede crear más energía en su interior mientras se trabaja, lo que puede afectar positivamente a su aura. Sin embargo, la piedra rodada no tendrá muchas facetas, por lo que la cantidad de energía que emitirá puede ser bastante pequeña. Esto puede hacer que el trabajo con una piedra rodada sea algo arduo, ya que puede tener que dedicar más tiempo a acostumbrarse a la energía que se transmite que si tuviera un cristal con más facetas.

Formas en bruto

Las formas en bruto son piezas sin cortar y sin pulir de un cristal. Aunque no están tan pulidas como las piedras rodadas, se pueden cortar y pulir para convertirlas en piedras rodadas o utilizarlas tal cual para crear una pieza única de joyería u otros objetos.

Significado: Los cristales en bruto sirven para amplificar su energía. Pueden energizarle si necesita un impulso y pueden ser excelentes herramientas a la hora de trabajar con el universo para asegurarse de que las cosas avanzan sin contratiempos. Algunas piedras en bruto también pueden tener una gran cantidad de energía, lo que significa que liberarán esta energía rápidamente una vez que empiece a trabajar con ellas. Por lo tanto, puede tener cuidado si intenta centrarse en un aspecto concreto de su vida cuando este problema en particular necesita más atención que el resto.

Ventajas: La piedra en bruto es una buena opción para los interesados en trabajar con piedras en su casa o a nivel corporal porque es relativamente fácil de manejar y transportar. También son baratas y no ocuparán mucho espacio en su casa o sobre su persona.

Desventajas: El aspecto ondulado de una piedra en bruto puede hacer que resulte difícil para alguien decidir la forma que quiere darle a la pieza.

Forma de varita

Una varita de cristal tiene forma de varita. Siempre se han utilizado con fines adivinatorios y se pueden encontrar en la mayoría de los libros de magia del mundo antiguo. Se cree que la energía emitida por este cristal viaja de ida y vuelta desde su aura al cristal y de vuelta, creando un flujo constante de energía.

Significado: La energía emitida por una varita de piedra suele ser muy poderosa, así que si busca algo que le ayude a eliminar las emociones negativas o la energía estancada en su vida, esta podría ser una excelente opción. Esto es posible porque gran parte del poder emitido por estas piedras proviene de su capacidad para manipular su aura y liberar cualquier emoción o sentimiento negativo que pueda tener. También son excelentes fuentes de energía cuando intenta centrarse en su vida y hacer un cambio. Pueden ayudarle a fortalecer su aura o sus chakras y tienen la capacidad de ayudarle a calmarse si se siente abrumado o estresado.

Ventajas: La varita de piedra es buena para los que luchan con la energía estancada. También es buena para quienes necesitan un poco de ayuda adicional para lidiar con las emociones negativas, ya que se asegurará de que estas energías no les sobrepasen. Cuando se utiliza junto con otros cristales, la varita de piedra puede ayudar a liberar la energía positiva atrapada en el aura o los chakras para que pueda fluir hacia el exterior con libertad y facilidad.

Desventajas: Puede llevar algún tiempo acostumbrarse a la varita de piedra. Si está intentando centrarse en algo específico de su aura o chakra, puede ser útil trabajar con la varita de piedra por sí misma durante un tiempo antes de añadir otro cristal o ponerla en el agua o en las joyas. Esto le ayudará a asegurarse de que se siente cómodo con la energía que libera antes de seguir adelante.

Piedras generadoras

Un cristal generador es una piedra que puede ayudarle a crear más energía. Se sabe que estos cristales ayudan a la meditación, potenciando su crecimiento espiritual y su capacidad de manifestación. Las piedras generadoras suelen ser ásperas y sin pulir, con seis facetas de igual tamaño y un único punto central. Son muy poderosas cuando se utilizan correctamente, emitiendo una energía rara e intensa. Le permitirán sentir las cosas desde su interior de un modo que lo hace parecer natural y fácil. Esta piedra ha sido utilizada durante muchos años tanto por los practicantes de magia como por las personas interesadas en el poder curativo de los cristales.

Significado: Si busca mejorar su energía, el cristal generador es una excelente elección. Puede ayudar a la curación liberando la energía positiva de su aura y ayudándole a utilizar esta energía en todos los aspectos de su vida. Los cristales generadores también pueden ayudar con la meditación y ser utilizados para ayudar a abrir su mente para que pueda aprender cosas con mayor facilidad. Debido a que se sabe que las piedras generadoras aumentan su capacidad de sentir las cosas, también pueden ayudar a abrir vías en el cerebro para que usted pueda volverse más sensible emocional o espiritualmente.

Ventajas: El cristal generador es una piedra excelente para la curación y para aumentar su conocimiento general. Se puede utilizar para aumentar la conciencia espiritual y hacer que se sienta más cómodo con la idea de trabajar con su lado espiritual en comparación con muchos otros tipos de cristales. Gracias a la capacidad de esta piedra para ayudarle a ser más sensible, está asegurado que mejorará su claridad sobre lo que quiere en la vida. Si está trabajando en su fuerza y poder interiores, el cristal generador puede ser también una buena elección para usted.

Desventajas: El cristal generador puede llevar cierto tiempo hasta que se acostumbre a él porque puede resultar intenso. También es posible que le cause incomodidad cuando empiece a utilizarlo porque la energía puede parecerle extraña, aunque con el tiempo abrirá su mente y se sentirá más cómodo trabajando con su lado espiritual.

Forma de pirámide

Se cree que las pirámides son muy poderosas y que afectan a su energía de un modo singularmente eficaz. Esta forma de cristal ha sido denominada "piedra de poder" porque ha sido capaz de aumentar la energía en todo el cuerpo y ayudar a que otras formas de cristal funcionen más fácilmente. Las pirámides naturales y otros cristales tallados como pirámides suelen emitir un pequeño rayo de energía por la parte superior cuando se colocan sobre una superficie con fines curativos.

Significado: Esta forma representa el poder, la inteligencia y la curación porque se considera un símbolo del alma humana. También se sabe que representa a la Tierra, ya que está formada por toda la energía del universo. Puede ayudarle a aprovechar su mente canalizando el poder contenido en el cristal y concentrándolo en sus pensamientos y emociones.

Ventajas: La forma de pirámide es sobre todo beneficiosa para quienes buscan aumentar su poder en la vida. Puede ayudarle a encarnar el poder y la confianza, lo que puede ser muy útil cuando intente definir el propósito de su vida. También puede ayudar a aumentar su energía para que empiece a sentirse mejor en general, lo que puede hacer que trabajar hacia ese poder sea una tarea mucho más fácil debido a lo fuerte y saludable que se sentirá.

Desventajas: Puede costar algún tiempo acostumbrarse a la forma piramidal, ya que al principio puede resultar un poco intensa. También puede ser incómodo porque abrirá su mente y le hará más consciente de sus pensamientos, lo que puede resultar abrumador.

Forma de clúster

Los clústeres se utilizan a menudo por su energía, su capacidad para trabajar juntos y las bellas formas que pueden formar. También ayudan a sanar, equilibrar y mejorar los chakras. Las piedras tipo clúster también son excelentes para enraizar y promover la pureza mental. Pueden describirse como una piedra de "energía condensada" y se cree que pueden potenciar las capacidades psíquicas de uno. Estas piedras se utilizan a menudo en la meditación, ya que ayudan a conectar con el ser superior.

Significado: Los cristales en forma de clúster representan la unidad de todas las cosas. También son un símbolo de la Tierra y pueden ayudar a abrir sus chakras para que pueda sentir una renovada sensación de conexión con la naturaleza circundante. También se cree que aumentan el poder de los cristales que están en contacto con ellos.

Ventajas: Las piedras en forma de clúster son excelentes para liberar las malas energías de su aura, sus chakras y su mente. Le ayudarán a ser más consciente de lo que quiere de la vida, aumentando la claridad. También pueden ayudarle a sentirse más relajado porque se cree que las piedras tipo clúster promueven la curación, tanto mental como física. Son maravillosas para cualquier persona que quiera trabajar en su salud y sensación de bienestar.

Desventajas: Estas piedras pueden ser un poco intensas al principio y pueden resultar incómodas, especialmente si no está acostumbrado a sentirse tan expuesto.

Forma de esfera

Las esferas se utilizan a menudo con fines espirituales y se sabe que emiten energía cuando se sostienen. A menudo se cree que pueden ayudar con el viaje astral, las habilidades psíquicas y el insomnio. También pueden ser útiles para curar, aumentar los niveles de energía, aliviar el estrés y permitirle conectar con su mente subconsciente.

Significado: La esfera de piedra es un poderoso símbolo de la energía divina femenina porque es redonda y está abierta en el centro. Su forma circular permitirá que su aura se expanda para que pueda alcanzar estados de conciencia más elevados y ser más consciente de su espiritualidad. Como puede permitirle viajar fuera de su cuerpo y al plano astral, puede ayudarle con las manifestaciones espirituales y el psiquismo.

Ventajas: El cristal en forma de esfera es una poderosa herramienta que aumenta su conciencia y le ayuda a alcanzar objetivos espirituales debido a su capacidad de traer la espiritualidad al momento presente. Es excelente para ayudar a quienes experimentan ansiedad e insomnio porque la piedra les ayudará a conseguir un sueño profundo mediante la meditación. También aumentará la energía dentro de su aura, haciéndole sentir empoderado y más seguro de sí mismo.

Desventajas: La esfera de piedra puede parecer un poco excesiva al principio, especialmente si no está acostumbrado a sentirse tan expandido dentro de su aura. Puede que le lleve algún tiempo acostumbrarse, y puede haber un periodo de adaptación cuando decida empezar a utilizar la esfera de piedra.

Forma de huevo

Los huevos se utilizan a menudo por su belleza, su conexión con el yin y el yang y su capacidad para equilibrar el cuerpo. También se cree que pueden ayudarle con el cambio y la sanación.

Significado: Esta forma simboliza el tercer ojo, la glándula pineal y la glándula pituitaria.

Ventajas: Los cristales en forma de huevo pueden ayudarle a protegerse de los daños aumentando su fuerza física y espiritual. Pueden ayudarle a afrontar los cambios en su vida porque tienen una capacidad natural para retener la energía. Los cristales en forma de huevo también le ayudarán a suavizar cualquier desequilibrio energético en su vida para que no haya tanto estrés o bloqueos en ella.

Desventajas: Uno no querría utilizar esta piedra si estuviera buscando detener el flujo de la vida; más bien, debería intentar fluir con ella.

Forma de corazón

Los cristales en forma de corazón se utilizan a menudo como símbolo de amor y afecto. Pueden ayudar a fomentar los sentimientos amorosos y a conectar con su chakra del corazón. Los corazones también pueden ayudarle a conseguir sueños significativos, a canalizar las habilidades psíquicas y a aumentar la conciencia de sí mismo. Muchas personas creen que los corazones son buenos para la curación porque pueden alinearse con el chakra del plexo solar y ayudar a restablecer el equilibrio después de una enfermedad o lesión.

Significado: Las piedras con forma de corazón le ayudarán a conectar con el amor y el afecto divinos que hay en su interior. Al trabajar con este tipo de cristal, puede aprender a lograr el equilibrio emocional y sentirse realmente en sintonía con su ser interior. Los cristales en forma de corazón también son muy poderosos a la hora de disipar las energías negativas, lo que puede ser útil para quienes sienten que tienen dificultades en su vida a causa de la ansiedad u otras emociones negativas. También eliminarán cualquier bloqueo existente en el cuerpo para que la sanación pueda producirse más fácilmente.

Ventajas: Los cristales en forma de corazón tienen una mayor capacidad para librar al cuerpo de la energía negativa que otras formas de piedra, lo que los hace muy eficaces a la hora de ayudar a sanar en muchos niveles.

Desventajas: Puede ser difícil trabajar con cristales en forma de corazón si no está acostumbrado a sentir compasión y amor hacia sí mismo.

Forma hexagonal

Los cristales hexagonales pueden describirse como cristales de seis lados perfectos que son tan poderosos como parecen. Tienen una conexión muy fuerte con la Tierra, que puede sentirse a través de la energía que emiten y de su aspecto. Los cristales hexagonales suelen intensificar las emociones y la energía para promover la sanación, la limpieza y la protección. Estas piedras se colocan a menudo en los chakras del tercer ojo para ayudar a las capacidades psíquicas.

Significado: Esta forma de cristal representa la verdad, la abundancia y el equilibrio. El uso de piedras hexagonales puede ayudarle a conseguir un equilibrio perfecto y a encontrar su verdad interior.

Ventajas: Se cree que estos cristales le ayudarán a abrir su mente y le permitirán ver las cosas desde una perspectiva diferente. También pueden utilizarse para la protección, especialmente cuando se combinan con el chakra del plexo solar. Además, los cristales hexagonales pueden aumentar la creatividad, lo que los hace muy útiles si busca una forma alternativa de pensar o sentir.

Desventajas: Estos cristales pueden ser un poco intensos y desconcertantes al principio, lo que dificulta la comprensión total de lo que le están transmitiendo.

Forma de cubo

Los cristales en forma de cubo se utilizan sobre todo por su belleza y su aspecto. A menudo se asocian con la protección y la sanación por la forma en que parecen mantener todo en su sitio. Estos cristales pueden ayudar a promover la claridad mental al tiempo que ayudan a crear estabilidad dentro de su vida.

Significado: Los cristales en forma de cubo representan la sabiduría y el conocimiento, así como la seguridad.

Ventajas: Los cristales en forma de cubo se utilizan a menudo para la protección y la sanación por su capacidad para defenderse de las energías dañinas. También pueden ayudar a la sanación física por su capacidad de promover la creación de nuevas células en el cuerpo.

Desventajas: Estas piedras son poderosas y pueden ser un poco intensas si no está acostumbrado a sentir que conoce todas las respuestas.

Capítulo 4: 13 cristales imprescindibles para principiantes

Hay algo reconfortante en la idea de llevar un cristal, y no es de extrañar que muchas personas encuentren en ellos poderosas herramientas de autoexpresión, curación e intuición. El vasto mundo de los cristales es fascinante - hay aproximadamente doce mil variedades conocidas. Así que puede estar pensando: "¿Por dónde empiezo?". Bueno, antes de que se sienta abrumado con todas las opciones que hay, respire profundamente y prepárese para un viaje en profundidad con estos 13 cristales imprescindibles para todo principiante.

Selenita

Como una de las variedades de cristal más importantes, este magnífico mineral exhibe un color blanco cremoso y se utiliza a menudo en la curación con cristales debido a sus poderes de purificación. Portar o usar selenita puede ayudarle a deshacerse de la energía negativa que le pueda estar obstaculizando.

Selenita.
https://upload.wikimedia.org/wikipedia/commons/3/3a/Gypse-s%C3%A9l%C3%A9nite_3.jpeg

Se dice que la selenita puede ser tan eficaz para limpiar la energía negativa que incluso funciona con los vampiros psíquicos, lo que significa que mantendrá su mente libre de ser drenada por otros. Sean cuales sean sus intenciones a la hora de comprar cristales, la selenita debería estar al menos entre las cinco primeras opciones de su lista.

Sistema cristalino: Monoclínico

Colores: Blanco, rosa, azul

Energía: Cariñosa, protectora, reconfortante

Chakra: Corazón, garganta

Ayuda a alcanzar: Comunicación clara, curación de traumas emocionales, equilibrio emocional, liberación de dolores de cabeza y estrés.

Colocación: En el chakra donde hay problemas, se dice que la selenita puede ayudar a calmar y neutralizar el dolor. Utilizar la selenita a diario puede ayudar a crear un escudo energético más fuerte alrededor de cualquier zona problemática del chakra.

Se recomienda su uso con: Cuarzo rosa, esmeralda, labradorita dorada, crisocola, aguamarina

Dato interesante: La selenita es el único mineral de la Tierra con su propia estrella, conocida como 34 Draconis.

Citrino

Esta hermosa variedad amarilla ayuda a traer energía positiva y buena suerte. Se cree que levanta el ánimo, contribuyendo a que sea más feliz con la vida. El poder del citrino proviene del sol y a menudo se le conoce como la piedra del comerciante porque promueve el éxito en los negocios. Ayuda a desarrollar nuevas destrezas y habilidades, lo que es ideal para quienes acaban de empezar su carrera. La suave energía del citrino puede traer la abundancia a su vida, dándole la tranquilidad que le permite relajarse, sabiendo que todo va según lo previsto. El citrino permite alcanzar la paz interior y la confianza en el universo, haciendo aflorar un sentimiento de serenidad en quien lo lleva. Se considera una piedra de la abundancia y el éxito, ya que aporta buena salud y fortuna a quienes la portan.

Sistema cristalino: Trigonal

Colores: Blanco, amarillo/dorado, naranja/marrón

Energía: Amorosa, de conexión a tierra, fortalecedora

Chakra: Sacro (debajo del ombligo), Plexo Solar (zona del estómago)

Ayuda a alcanzar: La aceptación al cambio, la aceptación de uno mismo, ayuda a superar los miedos, la procrastinación y las dudas, y contribuye a mejorar la concentración.

Colocación: El citrino debe utilizarse con los chakras afectados por el problema, como la zona del estómago, para superar los miedos o debajo del ombligo para ayudar a la autoaceptación. La colocación debe hacerse en forma de rejilla, dibujada con líneas de color amarillo.

Se recomienda su uso con: Cornalina, turmalina negra, cuarzo ahumado, angelita

Dato interesante: El citrino se consideraba un símbolo de riqueza y realeza en las civilizaciones antiguas.

Cuarzo transparente

El cuarzo transparente es conocido por ser el maestro sanador de los cristales, ya que ayuda a amplificar la energía. También aporta claridad mental y buena suerte a quienes lo llevan. Se dice que la energía del cuarzo transparente ayuda a eliminar viejas heridas emocionales. También puede ayudarle a comprender lo que siente a un nivel más profundo, permitiéndole ser más consciente de sí mismo. Muchas culturas han utilizado esta piedra a lo largo de la historia, incluidos los antiguos egipcios y los nativos americanos. Antiguamente, la gente utilizaba el cuarzo transparente como conductor de rayos o electricidad porque se sabe que ayuda con los trastornos nerviosos y las enfermedades que afectan al corazón, el sistema genitourinario, los riñones, la garganta, los músculos y la vejiga. También se sabe que el cuarzo transparente favorece la curación a nivel espiritual y trae buena suerte en todas las experiencias, incluidas las que requieren paciencia.

Sistema cristalino: Trigonal

Colores: Transparente (incoloro)

Energía: De apertura, limpiadora, calmante

Chakra: Garganta, Tercer Ojo (entre los ojos), chakra de la corona (parte superior de la cabeza)

Ayuda a alcanzar: Una mayor confianza en sí mismo, una elevación de su nivel de vibración, le ayuda a superar los celos, abriendo la mente y el corazón.

Colocación: Se debe utilizar una fina rejilla de cuarzo transparente para electrificar y limpiar cualquier bloqueo energético en los cuerpos físico y de los chakras.

Se recomienda su uso con: Cuarzo rosa, cuarzo limón

Dato interesante: El cuarzo transparente fue utilizado por los antiguos egipcios para escribir jeroglíficos en las paredes de sus tumbas.

Cuarzo rosa

Esta variedad de color rosa suave es conocida por ser una de las piedras más importantes para las mujeres. El cuarzo rosa tiene una energía nutritiva y calmante, lo que lo hace perfecto para calmar cualquier emoción negativa y problema que se haya interpuesto en su felicidad. Se utiliza a menudo cuando se trabaja con el chakra del corazón, ya que ayuda a curar las heridas emocionales. Muchas mujeres se sienten atraídas por el cuarzo rosa porque su suave energía rosa da una sensación de amor, paz y esperanza, lo que la convierte en la piedra perfecta para potenciar el amor propio y la confianza.

Se cree que el cuarzo rosa puede ayudar a crear armonía entre usted y los demás, lo que fortalecerá sus relaciones. La suave energía de esta piedra puede aportarle sentimientos de paz interior y amor, lo que conducirá a una mayor vibración en su vida. El cuarzo rosa se suele utilizar con fines de autoaceptación y le da el valor para ser usted mismo, aunque los demás no le acepten. También puede ayudarle a superar la procrastinación o el hábito de dejar las cosas para más tarde. Las altas vibraciones del cuarzo rosa simbolizan una suave luz rosa que es calmante y curativa para todo su ser.

Sistema cristalino: Trigonal

Colores: Rosa/Blanco (tono pastel), Rosa/Gris (tono gris)

Energía: De apertura, cariñosa, tranquilizadora

Chakra: Chakra del corazón (centro del pecho)

Ayuda a alcanzar: Crecimiento emocional, lograr el equilibrio de los deseos, mayor amor propio y felicidad.

Colocación: El cuarzo rosa debe utilizarse con los chakras afectados por el problema, como el del corazón, para superar los celos. La colocación debe hacerse en un patrón de rejilla, dibujado en líneas de color rosa.

Se recomienda su uso con: Cuarzo rutilado, piedra solar

Dato interesante: En 2009, se descubrió un "supercuarzo" rosa que era cinco veces más potente que el cuarzo rosa normal.

Amatista

Esta piedra de color azul violáceo ha sido considerada durante mucho tiempo una piedra preciosa poderosa. Se cree que equilibra las emociones tanto de hombres como de mujeres. Se dice que su energía le ayuda a romper con los patrones negativos de la vida, a calmar la ira y el resentimiento y a reunirse con su verdadero yo.

Amatista.
Fuente: https://pxhere.com/en/photo/1560451

La amatista es conocida por sus increíbles cualidades curativas, ya que su poder es lo suficientemente fuerte como para curar profundas heridas emocionales de experiencias pasadas. Se sabe que le ayuda a dejar atrás viejos recuerdos y experiencias para que pueda aprender a vivir una vida más tranquila. También se dice que ayuda al equilibrio y la satisfacción, lo que puede llevarle por el camino del amor propio y la felicidad. Hay muchos tonos y variedades de amatista, que van desde el azul claro con vetas blancas hasta piedras de aspecto lavanda que parecen nubes de color violeta pastel.

Sistema cristalino: Trigonal

Colores: Púrpura/Azul

Energía: Profunda, de conexión a tierra, elevadora

Chakra: Ceja (entre los ojos), Corazón (centro del pecho)

Ayuda a alcanzar: Superar las experiencias negativas del pasado, superar la procrastinación, fomentar su verdadero yo.

Colocación: : La amatista debe colocarse en un patrón de rejilla, dibujado en líneas de color púrpura. Debe limpiar el cristal de amatista con regularidad, ya que retendrá energía negativa y le drenará si no lo limpia.

Se recomienda su uso con: Talismán personal

Dato interesante: Los antiguos creían que la amatista ayudaba a quienes bebían en copas talladas con esta piedra a no emborracharse.

Lapislázuli

El lapislázuli, también conocido como la piedra azul, es una piedra semipreciosa que se forma a partir de una mezcla de minerales de la región de Badakhshan en Afganistán. Esta piedra tiene un hermoso color y brillo y se dice que ayuda a curar todas las enfermedades. El lapislázuli era utilizado como piedra de curación por los antiguos egipcios y, a día de hoy, sigue siendo conocido por sus propiedades curativas, ya que fortalece la mente y el cuerpo y ayuda a calmar los problemas emocionales. El color azul profundo del lapislázuli desprende una energía calmante que puede ayudarle a recuperar la serenidad. Tiene una energía espiritual que aporta sabiduría y conocimiento, lo que puede ayudarle a superar los problemas con la intuición y la mente.

Sistema cristalino: Cúbico

Colores: Azul/negro, azul/blanco, blanco/negro (tintado)

Energía: Profunda, mística, tranquilizadora

Chakra: Ceja (entre los ojos), Tercer Ojo (en el centro de la frente)

Ayuda a alcanzar: Paz interior, equilibrio en las emociones y mayor sabiduría y conocimiento.

Colocación: En cualquier lugar de su casa o alrededor de su espacio de trabajo será beneficioso, pero asegúrese de tener uno con usted en todo momento y otro en una rejilla de cristal.

Se recomienda su uso con: Perla blanca, turquesa

Dato interesante: Los antiguos egipcios creían que cualquiera que llevara lapislázuli tendría el poder de ordenar a los espíritus y traerlos de vuelta de entre los muertos.

Aventurina verde

Esta variedad recibió su nombre debido a su similitud con la familia del cuarzo. Sin embargo, la aventurina tiene un marcado color verde que la diferencia de los demás cuarzos. Esta piedra se conoce comúnmente como la "piedra de la oportunidad" y se utiliza a menudo para atraer la prosperidad y la buena suerte. Se cree que la aventurina verde ayuda a atraer la abundancia a su vida aumentando el flujo de dinero, el éxito y la felicidad. La aventurina verde puede ayudarle a superar los bloqueos en su vida que puedan estar frenándole. Se cree que aumenta la inteligencia o ayuda a desarrollar su potencial de crecimiento intelectual. La gente suele llevar la aventurina verde como talismán de protección y suerte, ya que creen que esta piedra es la clave para resolver problemas y superar adversidades. La energía mística de la piedra tiene propiedades únicas que pueden utilizarse para la formación y el desarrollo espiritual, además de ayudarle a alcanzar el éxito y la abundancia en su vida.

Sistema cristalino: Trigonal

Colores: Verde, verde oscuro

Energía: Vigorosa, elevadora

Chakra: Corazón (centro del pecho)

Ayuda a alcanzar: Éxito, prosperidad, abundancia, sanación de problemas emocionales, superación de bloqueos en la vida.

Colocación: La aventurina verde puede colocarse en cualquier lugar de su casa u oficina y transportarla con usted como talismán o amuleto.

Se recomienda su uso con: Jade, citrino

Dato interesante: En la antigua Grecia, la aventurina verde era utilizada a menudo por Apolo, el dios del sol.

Piedra de luna

Se cree que la piedra de luna era sagrada para los antiguos egipcios, sumerios y griegos y que era venerada como símbolo de la diosa Isis. También se cree que simboliza la esperanza, la fuerza interior y la renovación de la vida. Este hermoso cristal le ayuda a superar los bloqueos emocionales y mentales que pueden estar frenando la felicidad y el éxito en su vida.

Piedra de luna.
https://commons.wikimedia.org/wiki/File:Natural_Blue_Moonstone_loose_gemstone.jpg

Se dice que la piedra de luna puede ayudarle a liberar traumas emocionales de experiencias pasadas para su curación. También se cree que la piedra de luna puede ayudar con la estabilidad emocional y apoyarle en la superación de las emociones de miedo, ira e inseguridad. Puede ayudar a superar la procrastinación dándole la confianza necesaria para cumplir sus objetivos en la vida. La piedra de luna es una piedra excelente que ayuda a la estabilidad emocional, la seguridad y el equilibrio, lo que le dará la calma y la felicidad que necesita para superar cada día.

Sistema cristalino: Monoclínico

Colores: Verde claro/blanco, blanco, azul/blanco

Energía: Vigorosa, nutritiva, equilibrante

Chakra: Corona (parte superior de la cabeza)

Ayuda a alcanzar: Mayor estabilidad emocional, superación de los miedos, superación de la procrastinación, superación de los bloqueos para alcanzar la felicidad y el éxito.

Colocación: Las piedras de luna deben colocarse en una rejilla, en una zona libre de desorden y con buena circulación de aire.

Se recomienda su uso con: Topacio azul, hematita

Dato interesante: En las culturas antiguas, se creía que el reflejo de la luna en el agua hacía que la piedra de luna produjera un brillo.

Obsidiana

La obsidiana es un vidrio negro o volcánico formado hace millones de años. Se ha utilizado como talismán y amuleto durante siglos debido a sus propiedades únicas. La obsidiana puede ayudar a superar los bloqueos mentales y a lograr la claridad mental. También ayuda a superar la procrastinación al fomentar la atención completa y la concentración en la tarea que se está realizando. Se dice que la obsidiana puede ayudar a traer el equilibrio a su vida y a mantener la paz ante la adversidad, lo que es esencial para un crecimiento positivo. La obsidiana es una piedra excelente que ayuda al éxito y la prosperidad al permitirle superar el miedo al fracaso, al que muchas personas se enfrentan. También puede ayudar a liberar los sentimientos de culpa y vergüenza causados por una experiencia traumática. También se cree que la obsidiana puede ayudar a disipar los pensamientos y sentimientos negativos y provocar una liberación del trauma de una experiencia difícil en el pasado.

Sistema cristalino: Amorfo

Colores: Negro, marrón

Energía: Protectora, curativa, de conexión a tierra

Chakra: Raíz (base de la columna vertebral)

Ayuda a alcanzar: Claridad mental, superación de problemas de procrastinación, bloqueos mentales, seguridad/protección contra el mal, y ayuda a la liberación de traumas pasados.

Colocación: Cualquier zona de la casa o la oficina será beneficiosa, pero lo ideal es encontrar un lugar libre de desorden y con buena circulación de aire. La colocación también puede ser en forma de cuadrícula para obtener mayores beneficios.

Se recomienda su uso con: Ámbar, jaspe.

Dato interesante: La obsidiana fue utilizada por los aztecas y los mayas para fabricar cuchillos, hojas de afeitar y puntas de flecha.

Ojo de tigre

El ojo de tigre es una hermosa piedra de color marrón dorado conocida por sus atrevidas rayas, que recuerdan al ojo de un tigre. Se dice que el ojo de tigre puede ayudarle a activar su confianza en sí mismo y su voluntad. También se dice que esta piedra aportará claridad a su mente y le ayudará a ver la verdad. Se cree que el ojo de tigre trae riqueza y abundancia a su vida al ayudar a atraer energía positiva a su vida. También puede ayudar a superar la melancolía, el estado de desesperanza o la depresión.

Sistema cristalino: Trigonal

Colores: Dorado, Rojo

Energía: Expansiva, creativa, curativa

Chakra: Corazón (centro del pecho)

Ayuda a alcanzar: Lograr el éxito, superar la procrastinación, superar los bloqueos para alcanzar la felicidad y el éxito.

Colocación: El ojo de tigre es una piedra que debe mantenerse en un entorno positivo con buena circulación de aire. También puede colocarse en forma de rejilla o llevarse como collar.

Se recomienda su uso con: Oro, cuarzo transparente

Dato interesante: A principios del siglo XX, se creía que el Ojo de Tigre hacía al portador invisible para sus enemigos.

Malaquita

La malaquita es una piedra de color verde intenso conocida por su superficie brillante y lisa. Desde la antigüedad se ha utilizado como piedra para conectar con la tierra y la naturaleza. La malaquita puede ayudar a sanar problemas emocionales muy arraigados y ayuda al usuario a encontrar la paz dentro de sí mismo. También puede ayudar a superar la procrastinación, aportando un cambio positivo a su vida, que traerá consigo el éxito y la abundancia. También se dice que la malaquita es una gran piedra para la meditación y puede ayudar a la concentración. Puede ayudarle a salir de los patrones negativos y sustituirlos por otros positivos.

Sistema cristalino: Monoclínico

Colores: Verde, marrón

Energía: Sustentadora, limpiadora, purificadora.

Chakra: Corazón (centro del pecho), Plexo solar (debajo del ombligo)

Ayuda a alcanzar: Encontrar la paz dentro de uno mismo, superar la procrastinación, conseguir el éxito en la vida

Colocación: La malaquita debe colocarse en una zona que tenga una buena circulación de aire. También debe colocarse en un patrón de rejilla, si es posible. También puede colocarse en el chakra del plexo solar o llevarse como collar.

Se recomienda su uso con: Turmalina negra

Dato interesante: La malaquita puede haber sido utilizada en la época egipcia como piedra protectora.

Hematita

La hematita es una piedra de color marrón rojizo que tiene un aspecto anaranjado apagado. Se ha utilizado como talismán durante siglos. Las culturas antiguas utilizaban la hematita como símbolo de salud y vitalidad y, por ello, se asocia a menudo con el chakra del corazón. Activa nuestras energías curativas latentes, que pueden estar bloqueadas por miedos o problemas relacionados con la autoestima o el hecho de no sentirnos dignos de amor.

Hematita.
Fuente: https://commons.wikimedia.org/wiki/File:WLA_hmns_Hematite.jpg

La hematita puede ayudarle a salir de sus patrones negativos y emprender de nuevo. También puede ayudar a vencer la procrastinación instándole a empezar una tarea importante, lo que es una gran forma de despejar el desorden de su mente y adquirir concentración. La hematita le ayudará a ser optimista y feliz, lo que es esencial para la salud y la abundancia.

Sistema cristalino: Trigonal

Colores: Rojo-marrón, naranja-marrón

Energía: Potenciadora, protectora, sanadora

Chakra: Corazón (centro del pecho)

Ayuda a alcanzar: Ser más optimista y feliz, superar la procrastinación y eliminar los bloqueos.

Colocación: La hematita puede colocarse en el chakra del corazón o en el plexo solar para obtener un mayor rendimiento energético. También puede colocarse en una rejilla o llevarse como collar.

Se recomienda su uso con: Ojo de tigre, jaspe rojo, granate rojo

Dato interesante: La hematita se encuentra en el hígado y el bazo de los animales. Además, el color de la hematita puede variar mucho según el contenido mineral. Si le preocupa que su piedra de hematita no tenga un color tan intenso como otras, puede probar primero con un trozo de tela empapado en vinagre y frotarlo sobre la piedra. Si adquiere un vibrante color rojo anaranjado, entonces está lo suficientemente limpia como para ser utilizada.

Piedra de sangre

La piedra de sangre es una piedra negra brillante con manchas rojas. También se la conoce como "piedra del tiempo", lo que significa que es conocida por ser fiable y traer buena suerte. Esta poderosa piedra puede ayudarle a estar más centrado, a encontrar la fuerza interior y a superar la procrastinación. También puede ayudarle a resolver problemas y a ser un mejor comunicador.

Sistema cristalino: Trigonal

Colores: Verde, Rojo

Energía: Vivificante, limpiadora, protectora

Chakra: Corazón (centro del pecho)

Ayuda a alcanzar: Lograr el éxito, superar la procrastinación, entrar en un estado de "flujo".

Colocación: La piedra de sangre debe colocarse en una rejilla con líneas rojas o verdes. También puede llevarse como collar o amuleto.

Se recomienda su uso con: Cornalina, labradorita, turmalina

Dato interesante: La piedra de sangre era una piedra importante para la antigua cultura egipcia. Se teñían de rojo con la sangre de los sacrificios y luego se convertían en joyas y otros tesoros de gran valor. Se creía que el color rojo le daba poder, que protegería a su portador de cualquier daño. En la antigua Roma, se utilizaba en forma de polvo para detener las hemorragias y tratar las mordeduras de serpiente.

Capítulo 5: 16 cristales más avanzados que debe poseer

Algunos cristales pueden ser más avanzados que otros porque tienen más lados con superficies reflectantes, lo que los convierte en antenas de radiación electromagnética más eficientes que otros cristales con menos superficies. Así que, puede que aún no lo sepa, pero probablemente esté interactuando con un cristal avanzado cada día. Los cristales avanzados pueden tener más de una forma; pueden curvarse, cambiar de color y textura, absorber la luz en diferentes longitudes de onda de distintas fuentes y reflejarla en direcciones o bandas particulares. Se puede pensar en ellos como una especie de choque.

Se trata de trozos de cristales que se formaron de una manera determinada o que crecieron juntos para formar un único gran cristal con mucha superficie para reflejar tantas longitudes de onda de la radiación electromagnética como sea posible. Los cristales avanzados pueden absorber la radiación de ciertos lugares y direcciones y pueden tener la capacidad de redirigirla. También pueden enfocar la radiación hacia el interior y tomar la energía para sí mismos. Pueden almacenarla y liberarla más tarde, o incluso tomar la energía de una fuente y transferirla a otra. Además, pueden utilizar sus energías para potenciar otros procesos de los cristales, como curar a sus propietarios o contribuir a la curación de estos. Pueden producir una fuerza de atracción más poderosa que la de otros cristales, lo que les permite atraer no solo la luz y la radiación electromagnética, sino también las emociones, lo que los hace útiles en algunas aplicaciones terapéuticas. Estos cristales maravillosos requieren un poco de experiencia, y de entre todas las opciones disponibles hoy en día, aquí tiene algunos imprescindibles para añadir a su colección de cristales.

Moldavita

La moldavita es una tectita verde, un cristal que se creó por el impacto de meteoritos o cometas que chocaron contra la Tierra. Se formó durante el final del periodo Cretácico y se cree que tiene millones de años. La moldavita debe su nombre a una zona de la República Checa donde fue descubierta por primera vez en 1787 por un campesino que la encontró mientras araba su campo. Debido a su mística, este cristal es uno de los más caros del mercado actual. No pierde su potencia y puede utilizarse para la meditación, la proyección astral y la sanación.

Sistema cristalino: Amorfo

Colores: Verde, blanco

Energy: Meditativa, curativa

Chakra: Corazón, tercer ojo

Ayuda a alcanzar: Esclarecimiento, introspección, iluminación espiritual.

Colocación: La Moldavita debe colocarse alrededor del cuello o llevarse en una bolsa para favorecer la curación física y emocional.

Se recomienda su uso con: Cuarzo de aura, petalita, selenita y turmalina rosa

Dato interesante: En 1895 se descubrió que la moldavita tenía propiedades curativas después de que los investigadores estudiaran la capacidad de un campesino moldavo para recuperarse rápidamente de una enfermedad.

Cuarzo Lemuriano

El cuarzo lemuriano se encontró en 1987 en Brasil. Se trata de un cristal de temática lemuriana y se cree que está relacionado con la civilización lemuriana, que existió desde hace 3,9 millones hasta unos 13 mil años. El cristal emite energía, que se ha medido como tan poderosa como la que emite el sol.

El cuarzo lemuriano puede sanar y equilibrar todos los chakras y ayudar a conseguir la armonía. Su energía es muy fuerte y a veces puede ser abrumadora, por lo que debe utilizarse con un cristal avanzado para equilibrar las energías. Aunque se ha descubierto que tiene propiedades curativas muy potentes, el cuarzo lemuriano es también un cristal muy sensible y debe manejarse con cuidado.

Sistema cristalino: Hexagonal

Colores: Claro, azul, verde

Energía: Sanación, equilibrio, armonización

Chakra: Todos ellos

Ayuda a alcanzar: Limpieza, manifestación y transmutación de la energía negativa en positiva. Puede utilizarse para recuperar el equilibrio restableciendo la conexión entre los planos físico y espiritual y canalizando la energía calmante a través de sus innovadoras vibraciones.

Colocación: El cuarzo lemuriano debe colocarse en los chakras del corazón, del tercer ojo y de la corona. También puede llevarse sobre el cuerpo para la protección y la manifestación.

Se recomienda su uso con: Lepidolita, celestita, kunzita y ágata de encaje azul

Dato interesante: La civilización lemuriana fue una civilización que existió en la Tierra hace unos 14 millones de años, justo antes del Gran Diluvio.

Sugilita

La sugilita es un cristal que se ha encontrado en África, también conocido como "Estrella africana del agua viva" o "Guijarro africano de Buda". Se considera uno de los principales cristales de energía terrestre. Según investigaciones y estudios,

Sugilita.
https://commons.wikimedia.org/wiki/File:Royalazel_sugilite_smithsonianmuseum.jpg

La sugilita trabaja en el chakra raíz. Como es un cristal muy poderoso y ha amplificado o alterado las energías de otros cristales, es mejor utilizarlo con otros cristales avanzados para equilibrar las energías, aunque funciona bien por sí solo. La sugilita puede ayudarnos a conectar con el reino angélico, trayéndonos mensajes de los ángeles. También puede ayudar en la regresión a vidas pasadas. La conexión de la sugilita con el chakra raíz aumenta el amor propio y la compasión por uno mismo, por los demás y por el mundo que le rodea.

Sistema cristalino: Hexagonal

Colores: Púrpura

Energía: Conexión a tierra, calmante, curativa

Chakra: Raíz

Ayuda a alcanzar: Equilibrio en la vida e iluminación espiritual. Puede utilizarse para establecer un escudo alrededor de su aura y equilibrar los chakras, potenciando la intuición, las capacidades psíquicas y los viajes interdimensionales. También mejora la creatividad y la autoexpresión, permitiéndole decir su verdad sin prejuicios.

Colocación: La sugilita debe colocarse alrededor del cuello, en una bolsa o en el hogar. Colocar la sugilita bajo la almohada por la noche ayuda a la previsión, la intuición y la comprensión de los sueños.

Se recomienda su uso con: Celestita, cuarzo rosa, malaquita y cuarzo Dow

Dato interesante: La sugilita es un cristal con carga metafísica que puede ayudar a despertar la propia espiritualidad, abrir canales a las capacidades psíquicas y potenciar la intuición. Posee empatía en su energía, lo que le permite reconocer las necesidades de los demás, así como las propias. La sugilita también actúa como protector psíquico, bloqueando las energías dañinas que entran en su espacio y manteniendo a raya la negatividad.

Shungita

La shungita es un mineral que se ha encontrado en el óblast de Georgia, en Rusia. Lleva el nombre de un pueblo de Georgia después de que dos mineros la encontraran mientras araban sus campos. Se cree que se formó hace 2,6 millones de años. Como todos los demás cristales de esta lista, emite energías muy fuertes y puede utilizarse para curar y transmutar las energías negativas (físicas, emocionales o espirituales) en positivas. También puede utilizarse para ayudar con los problemas del corazón y de la mente y es un cristal muy útil para todas los asuntos relacionados con la salud mental. La piedra shungita es una piedra de protección que proporciona a su portador fuerza, paz interior, valor y confianza en sí mismo. También puede ayudar a infundir un sentimiento de bondad, generosidad y amor en el portador. Colocada alrededor de las caderas, la piedra shungita puede utilizarse para protegerse de las energías negativas y las preocupaciones.

Sistema cristalino: Trigonal

Colores: Amarillo, gris

Energía: Sanación, limpieza, conexión a tierra, equilibrio

Chakra: Corazón

Ayuda a alcanzar: Despejar los problemas emocionales y aliviar el estrés mental.

Colocación: La shungita debe colocarse en el corazón, entre los ojos y sobre el chakra de la corona. También puede añadirse a las cuentas de cintura.

Se recomienda su uso con: Cuarzo rosa y madera petrificada

Dato interesante: La shungita es un cristal de alta frecuencia que canaliza la luz en la curación de muchas dolencias del cuerpo, incluido el dolor de las articulaciones.

Celestita

La celestita es un cristal muy potente que se ha encontrado en los altos desiertos de California. Es conocido por su conexión con la luna y no responde a la luz por debajo de un determinado ángulo. Emite colores vibrantes que aportan una sensación de equilibrio. Se cree que la celestita es el único cristal que se ha encontrado en sólidos compuestos de iridiscencia pura. Se utiliza para liberar la energía negativa, curar problemas emocionales y mentales y ayudar en la regresión a vidas pasadas. También puede utilizarse para estabilizar la propia vibración, ayudando en el proceso de ascensión.

Sistema cristalino: Ortorrómbico

Colores: Azul/Blanco, Verde, Rosa

Energía: Curación emocional, equilibrio y purificación del aura

Chakra: Tercer ojo y corona

Ayuda a alcanzar: Crecimiento espiritual, aportando claridad de pensamiento y emoción, limpieza de los chakras, regresión a vidas pasadas.

Colocación: La celestita debe colocarse en el chakra del tercer ojo o en una rejilla de cristal.

Se recomienda su uso con: Cuarzo rosa, citrino, ágata de encaje azul y calcedonia verde

Dato interesante: Colocar un trozo de celestita bajo la almohada por la noche le ayuda a comprender las lecciones a las que se enfrenta en sus sueños.

Labradorita

La labradorita es un mineral de feldespato que se ha encontrado en Madagascar, China y Canadá. Es una piedra de transformación y mágica, que ayuda a su portador a sintonizar mejor con su intuición.

Labradorita.
https://commons.wikimedia.org/wiki/File:Labradorite_Labrador_MNHN_Min%C3%A9ralogie.jpg

Las cualidades iridiscentes de la labradorita, también conocida como "piedra flash", la convierten en una pieza maravillosa para la meditación. Esta piedra aleja las energías negativas y ayuda a liberarse de las inestabilidades emocionales, por lo que es útil cuando se trata con la depresión. A la labradorita también se le llama la piedra de la magia.

Sistema cristalino: Triclínico

Colores: Gris, verde, rojo y blanco

Energía: Sanación emocional, transmutación de la negatividad y desbloqueo del aura

Chakra: Garganta

Ayuda a alcanzar: Fortalecer el chakra de la garganta y limpiar cualquier bloqueo del aura.

Colocación: La labradorita debe colocarse en la garganta, ya que ayuda a abrir los canales de comunicación.

Se recomienda su uso con: Cuarzo rosa, madera petrificada

Dato interesante: La labradorita tiene un bajo contenido en hierro, por lo que el cristal no se verá afectado por las condiciones meteorológicas.

Cuarzo rutilado

El cuarzo rutilado es un cristal de cuarzo que ha sido rellenado con rutilo (dióxido de titanio). Originalmente se utilizaba para añadir iridiscencia a otras piedras, pero se descubrió que es una piedra extremadamente poderosa por sí misma. Este cristal ayuda a absorber las emociones fuertes, como los celos, la ira y el resentimiento. Ayuda a aliviar el estrés y a desbloquear el chakra del corazón. El cuarzo rutilado también ayuda a desarrollar la espiritualidad en quien lo lleva.

Sistema cristalino: Trigonal

Colores: Blanco, dorado, azul celeste y rojo

Energía: Protección contra las energías negativas, limpieza del aura

Chakra: Corazón y corona

Ayuda a alcanzar: Estabilización de las vibraciones personales, calmando la mente y eliminando la negatividad dentro de uno mismo.

Colocación: El cuarzo rutilado debe colocarse en el chakra del corazón y la corona.

Se recomienda su uso con: Celestita, cuarzo rosa, madera petrificada y turmalina rosa

Dato interesante: El cuarzo rutilado se utiliza en la fabricación de luz infrarroja para encontrar falsificaciones de moneda y permisos de conducir.

Auralita

La auralita es un raro cristal que algunos creen que procede de una explosión de la Atlántida, que destruyó el continente y lo hundió en el océano. Este mineral fue encontrado en un cráter de la isla de Mauricio por un francés llamado Bouvet en 1852, y le dio su nombre. Como todos los cristales que se han relacionado con la Atlántida, se dice que es muy poderoso y que emite energías que pueden curar las heridas emocionales y los desequilibrios de uno mismo. La auralita le ayuda a estar más conectado a la tierra y a no tener miedo en su vida. También le ayuda a ser más consciente del mundo espiritual. Las guías de curación con cristales señalan que la auralita puede utilizarse para limpiar los chakras y conectarle con el reino espiritual.

Sistema cristalino: Ninguno, porque está compuesto por 23 minerales diferentes.

Colores: Rojo, Negro/Blanco, Púrpura

Energía: Conexión con la tierra y otros reinos para la sanación y el crecimiento espiritual.

Chakra: Tercer ojo

Ayuda a alcanzar: Limpieza de bloqueos, apertura del chakra del tercer ojo para ayudar a la meditación y a la exploración espiritual.

Colocación: La auralita debe colocarse en el chakra del tercer ojo.

Se recomienda su uso con: Salvia plateada, cuarzo rosa y cuarzo transparente

Dato interesante: Algunos creían que este cristal era el ojo de Dios.

Vidrio del desierto Libio

El vidrio del desierto libio es un tipo de vidrio de lava que está formado por miles de pequeñas burbujas de gas atrapadas en la lava. Este vidrio se utiliza en la curación con cristales porque ayuda a despejar los bloqueos energéticos y elimina el estrés del cuerpo y la mente. Puede utilizarse como herramienta para la meditación, ya que aumenta la conciencia durante este tiempo. Esta piedra ayuda a conectar con las energías de la ascensión y se dice que satisface el deseo de su corazón si medita con ella.

Sistema cristalino: Amorfo

Colores: Transparente, amarillo

Energía: Limpieza de la energía negativa, conexión con la tierra y otros reinos, curación del aura

Chakra: Garganta, tercer ojo y corona

Ayuda a alcanzar: Limpiar los bloqueos en los chakras, eliminar el estrés del cuerpo y la mente, y alcanzar la iluminación a través de la meditación.

Colocación: El cristal del desierto libio debe colocarse en los chakras de la garganta, el tercer ojo y la corona.

Se recomienda su uso con: Moissanita, madera petrificada, amatista y cuarzo rosa

Dato interesante: El vidrio del desierto de Libia era conocido antiguamente como "aliento de dragón", ya que originalmente era utilizado como herramienta por los magos.

Cuarzo Dow

El cuarzo Dow es una forma de cristal de cuarzo que se extiende en largas hebras. Lleva el nombre de su descubridor, Charles Dow, que lo encontró en una mina de Brasil. El cuarzo Dow puede utilizarse para la meditación y para despejar la mente. Se cree que este cristal puede ayudar a quien lo lleva a liberarse de cargas emocionales y a curar heridas o traumas emocionales del pasado. También ayuda a despejar la energía negativa y a eliminar los bloqueos energéticos dentro del cuerpo. Este cristal es bueno para quienes se someten a psicoterapia, ya que ayuda a su portador a comprender mejor sus pensamientos. Las guías de curación con cristales señalan que este cristal puede utilizarse para conectar con los ángeles u otras formas de guías espirituales durante la meditación.

Sistema cristalino: Trigonal

Colores: Transparente

Energía: Conexión con la tierra y otros reinos, curación del aura, curación emocional, meditación

Chakra: Corona y tercer ojo

Ayuda a alcanzar: Limpiar los bloqueos en los chakras, eliminar la energía negativa del cuerpo y la mente, y alcanzar la iluminación a través de la meditación.

Colocación: El cuarzo Dow debe colocarse en los chakras de la corona y del tercer ojo.

Se recomienda su uso con: Amatista, cuarzo rosa y cuarzo transparente

Dato interesante: El cuarzo Dow se utilizaba antiguamente como ingrediente de la pasta de dientes por su capacidad para limpiar y fortalecer los dientes.

Diamante Herkimer

El diamante Herkimer es un tipo de cristal de cuarzo translúcido y con forma hexagonal. Procede del condado de Herkimer, en el centro de Nueva York, de ahí su nombre. Este cristal se utiliza para curar y proteger al portador de ataques psíquicos, energías negativas y espíritus. También puede utilizarse como herramienta para canalizar la energía positiva. Se dice que despierta las capacidades psíquicas de uno ayudándole a ganar claridad dentro de su mente. Las guías de curación con cristales señalan que este cristal puede utilizarse para acceder a los registros akásicos.

Sistema cristalino: Trigonal

Colores: Transparente, blanco, amarillo

Energía: Protección contra los ataques psíquicos, curación de las heridas físicas y emocionales, un despertar de las capacidades psíquicas

Chakra: Corazón y corona

Ayuda a alcanzar: La protección contra las energías y los espíritus negativos, la limpieza del aura para liberar la negatividad dentro de uno mismo y la consecución de la iluminación mediante la meditación.

Colocación: El diamante Herkimer debe colocarse en el chakra del corazón y en la corona.

Se recomienda su uso con: Cuarzo transparente, amatista y cuarzo rosa

Dato interesante: En la antigüedad, se creía que el condado de Herkimer estaba protegido por un ángel de la guarda llamado Herkimer, que protegía a la comunidad de los invasores. La leyenda dice que se aparecía en forma de caballo gris cuando era necesario.

Astrofilita

La astrofilita es un tipo de feldespato de plagioclasa. Recibe su nombre del griego, *astron phyllon*, que significa "hoja de estrella". La astrofilita se puede utilizar para conectar con las energías del universo, ayudándole a experimentar las fuerzas espirituales y creativas de su interior. Este cristal ayuda a meditar con mayor facilidad al calmar la mente en preparación para la meditación. También se cree que ayuda a la curación espiritual, lo cual puede hacer limpiando el aura para que todos los bloqueos negativos puedan ser liberados del cuerpo. Es una piedra que puede ayudarle a conectar con sus guías espirituales y seres superiores. Este cristal contiene energía de la madre naturaleza, la reina Gaia y la voz de Dios.

Sistema cristalino: Cúbico

Colores: Marrón, blanco, amarillo

Energía: Conectar con el universo, curación metafísica, curación espiritual, imaginación, meditación

Chakra: Corazón y garganta

Ayuda a alcanzar: Conexión con el cosmos, comprensión del propio lugar en el mundo y consecución de la iluminación a través de la meditación.

Colocación: La astrofilita debe colocarse en los chakras de la garganta y del corazón.

Se recomienda su uso con: Amatista y cuarzo transparente

Dato interesante: Se dice que la Vía Láctea contiene astrofilita en su núcleo.

Azeztulita

La azeztulita es un tipo de roca ígnea intrusiva félsica de color amarillo claro a blanco. Recibe su nombre de la tribu Azez, que la descubrió cerca del lago Van, en el este de Turquía. La azeztulita es una piedra dura de la que se dice que tiene propiedades curativas milagrosas. Se utiliza para curar las emociones y sanar el espíritu, liberando las energías negativas del interior del cuerpo. Esta piedra también puede utilizarse en la curación con cristales y para estimular el crecimiento de las plantas.

Sistema cristalino: Hexagonal

Colores: Blanco, transparente, naranja rayado, amarillo pálido

Energía: Curación emocional, liberación de la negatividad del interior del cuerpo, salud y equilibrio ocular, meditación

Chakra: Tercer ojo, garganta

Ayuda a alcanzar: Sanar las emociones y liberar la energía negativa del interior del cuerpo mediante la meditación.

Colocación: La azeztulita debe colocarse en el chakra del tercer ojo, el chakra de la garganta y la corona.

Se recomienda su uso con: Cianita negra, cuarzo transparente, lapislázuli y aguamarina

Dato interesante: La azeztulita se ha utilizado para ayudar a curar problemas oculares como la degeneración macular, las cataratas y el glaucoma.

Serafinita

La serafinita es una forma de clorita fibrosa y es un tipo de mineral que parece algodón blanco o como si estuviera hilado de vidrio. Descubierta por primera vez cerca de la ciudad de Pensilvania, recibe el nombre de serafín por su textura sedosa, que se asemeja a la pluma de un ángel. Se utiliza para sanar la mente, el cuerpo y el espíritu mediante la meditación y la oración. La serafinita también puede utilizarse para canalizar las energías del universo con fines curativos. Esta piedra también puede estimular el crecimiento de las plantas.

Sistema cristalino: Monoclínico

Colores: Blanco, gris oscuro, verde

Energía: La curación de la mente, el cuerpo y el espíritu mediante la meditación, alcanzando la iluminación a través de la oración

Chakra: Tercer ojo y corona

Ayuda a alcanzar: Curación de la mente, el cuerpo y el espíritu mediante la oración y la meditación.

Colocación: La serafinita debe colocarse en el chakra del tercer ojo y en el chakra de la corona.

Se recomienda su uso con: Cuarzo rosa, piedra de luna arco iris y cuarzo transparente

Dato interesante: Los nativos americanos utilizaban esta piedra para atar el espíritu de los muertos.

Cianita

La cianita es un tipo de feldespato de color prismático y transparente. Se encuentra en muchas regiones del mundo, como Madagascar, Australia y Estados Unidos. La cianita también se denomina "cuarzo de color azul" porque a veces presenta bandas azules/verdes o azules/blancas en su interior. Puede curar numerosas dolencias físicas y potenciar los niveles de energía, ayudando a aumentar las capacidades psíquicas al llevar la intuición a la mente consciente. Esta piedra también puede aumentar la conciencia.

Sistema cristalino: Monoclínico

Colores: Gris, Verde, Azul, Blanco

Energía: Intuición y habilidades psíquicas, curación del aura y de todas las dolencias físicas mediante la manipulación de la energía y la meditación

Chakra: Tercer ojo y corona

Ayuda a alcanzar: Aumentar la conciencia de sí mismo mediante la percepción espiritual y alcanzar la iluminación a través de la meditación y la oración.

Colocación: La cianita debe colocarse en el chakra del tercer ojo y en el chakra de la corona.

Se recomienda su uso con: Turquesa, piedra de luna y cuarzo transparente

Dato interesante: Los nativos americanos creían que la cianita era un talismán del rayo.

Jaspe

El jaspe es una piedra única que se encuentra en muchas zonas del mundo. El nombre "jaspe" viene de la palabra griega que significa "curar". Es una piedra muy lisa y de grano fino que queda especialmente bien en proyectos realizados con oro, plata u otros metales blandos como el latón. Tiene una textura brillante y ligeramente veteada debido a la mica que contiene.

Jaspe.
https://commons.wikimedia.org/wiki/File:2010_-_red_jasper.jpg

El jaspe es ampliamente conocido por sus propiedades protectoras y curativas. Puede utilizarse en rituales de curación para limpiar el aura, aumentar las capacidades psíquicas y ayudar al usuario a conectar con los guías espirituales. Se sabe que el jaspe ayuda a fomentar las ideas creativas, incluyendo la creación de nuevas visiones y planes en la vida. También se sabe que estimula la liberación de endorfinas, las hormonas naturales del cuerpo para sentirse bien, ayudando así a reducir el estrés y la depresión.

Sistema cristalino: Trigonal

Colores: Verde, Rojo, Naranja, Amarillo

Energía: Sanación del aura y de las dolencias físicas, conexión con los guías espirituales a través de la meditación

Chakra: Tercer ojo y corazón

Ayuda a alcanzar: La liberación de endorfinas para una sensación de felicidad y la reducción del estrés en la propia vida, la orientación espiritual a través de la conexión de la mente consciente con el ser interior para lograr la iluminación a través de la meditación.

Se recomienda su uso con: Cuarzo transparente, cuarzo rosa y hematita

Dato interesante: El jaspe era muy utilizado por los nativos americanos en la antigüedad. Se creía que estas piedras protegerían al portador de cualquier peligro, y ahora se piensa que concedían suerte al usuario mientras jugaba un juego similar al fútbol americano moderno.

Capítulo 6: El uso de los cristales para la protección

Uno de los mejores usos de los cristales es protegerle de la energía negativa. Las energías negativas pueden provenir de otras personas en su vida; familia, amigos e incluso extraños. El entorno que le rodea puede incluso provocar estas energías negativas. Los cristales pueden utilizarse para minimizar o eliminar dichas energías y, de este modo, protegerle de cualquier consecuencia indeseable o incluso perjudicial. Hay dos formas principales de utilizar los cristales para protegerse: colgándolos en su casa y llevándolos consigo. Ambos métodos producen resultados sorprendentes, por lo que realmente se reduce a una cuestión de preferencia personal.

Colgar un cristal en su casa es una excelente idea para quienes necesitan un recordatorio visual para mantenerse protegidos. El cristal actuará como una poderosa protección contra las energías e influencias no deseadas que puedan entrar en la propiedad a través de puertas, ventanas u otros medios de acceso. La forma más eficaz de colgar cristales para protegerse es colocarlos en puntos clave de la propiedad, especialmente donde no haya barreras físicas. Esto puede hacerse utilizando alambre, cuerda o cordel para crear una rejilla de puntos en toda la zona.

Si tiene un sótano al que se puede acceder desde el exterior de la casa, ese sería un lugar especialmente bueno para colocar un cristal con este fin. No olvide el garaje, el ático y las zonas exteriores vulnerables a las energías no deseadas de los vecinos. Colgar un cristal a cada lado de la puerta es un buen comienzo. También puede colgar cristales en el camino de entrada y en la zona que rodea su casa para obtener un impulso adicional.

Otra forma eficaz de utilizar los cristales para protegerse es llevándolos usted mismo. Esto puede hacerse de varias maneras. Si necesita llevar su cristal a todas partes, puede llevarlo en un cordón alrededor del cuello. Otra buena forma es meterlo en el bolsillo o bajo el puño de la camisa. También puede meterlo en un bolso o cartera. Si utiliza los cristales para protegerse durante un viaje, coloque el cristal dentro de un bolso o bolsa que lleve siempre para no olvidarlo. También puede colocarlo debajo de su asiento o en la guantera de su coche. En casa puede colocar dos cristales a cada lado de su cama. Estos le protegerán de las energías negativas que entren en su espacio mientras descansa.

El mal de ojo

El mal de ojo es una mala voluntad dirigida a otra persona. Suele darse a otra persona por celos o envidia. Se cree que si alguien le echa el mal de ojo, intenta perjudicarle de alguna manera. Esta creencia se encuentra en varias culturas y religiones, pero se asocia más comúnmente con Grecia, Macedonia y Turquía.

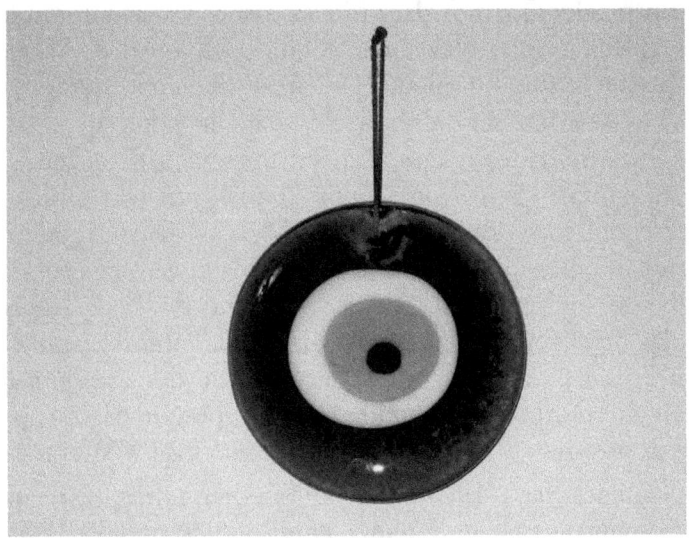

El mal de ojo.
https://commons.wikimedia.org/wiki/File:Cheshm-Nazar.JPG

Los efectos del mal de ojo pueden variar según la cultura y pueden incluir desde tener fiebre o dolor de cabeza hasta una dolencia que lleve a la muerte. El uso de cristales para protegerse del mal de ojo es muy común y eficaz. Se pueden utilizar numerosos cristales, pero los que se refieren específicamente a la protección contra los efectos negativos de los celos y la envidia son las mejores opciones. El uso de cristales para la protección contra el mal de ojo es más eficaz que utilizar solo su propia fuerza de voluntad para combatirlo. Los cristales están diseñados para ayudarle a concentrar sus pensamientos en una cosa y reducir la confusión, lo que actuará para contrarrestar la mala voluntad y la energía negativa en su vida. De hecho, cuanto más se concentre en el sentimiento de protección, más fuerte será.

CEM

Los campos electromagnéticos (CEM) son campos invisibles de energía que rodean a todos los aparatos eléctricos, las líneas eléctricas y los electrodomésticos. La exposición excesiva a los CEM puede ser perjudicial e incluso mortal para los seres humanos. Los cristales proporcionan una barrera natural contra los campos electromagnéticos y son muy eficaces cuando se utilizan para protegerle de sus efectos negativos. La gran mayoría de los CEM son producidos por dispositivos electrónicos como teléfonos móviles, ordenadores, televisores y equipos de música. Aunque nos proporcionen entretenimiento y nos ahorren tiempo, estos dispositivos pueden ser perjudiciales para la salud y contribuir a muchas enfermedades graves. Los cristales para protegerse de los CEM se utilizan de forma similar a los que se emplean para protegerse del mal de ojo. Puede utilizar cristales grandes como puntos focales en su entorno vital o llevarlos de tamaño pequeño en un collar o pulsera. Lo mejor es colocarlos en zonas muy transitadas de su casa y mantenerlos a la vista en todo momento. Si lleva un cristal para protegerse, asegúrese de que está presionado contra su cuerpo (preferiblemente bajo una prenda de su ropa) para que pueda absorber y neutralizar eficazmente los CEM entrantes.

Los cristales para la protección pueden tener casi cualquier forma, tamaño, color e incluso composición material. Lo más importante es que el cristal resuene positivamente con usted y su situación. Incluso puede utilizar un cristal que tenga desde hace tiempo en lugar de comprar uno nuevo específicamente para este fin. Sin embargo, comprar un cristal de protección le ayudará a establecer una intención clara para utilizarlo como dispositivo de protección. Algunos buenos cristales de protección son:

Turmalina negra

Descripción física: La turmalina negra tiene un color negro intenso, profundo y aterciopelado. Sus cristales se encuentran a menudo en combinación con cuarzo azul, verde o transparente. La turmalina negra actual suele ser el resultado de un tratamiento térmico durante el proceso de fundición.

Por qué se utiliza: La turmalina negra es una piedra poderosa, que suele utilizarse para estimular los centros espirituales y psíquicos superiores del cerebro. Puede utilizarse para protegerse de la energía negativa, como antidepresivo y para promover la paz y la tranquilidad. Es una de las mejores piedras para usar si está confundido y no puede pensar con claridad. Se cree que le protege de todo tipo de energía negativa, incluida la que es potencialmente peligrosa o letal.

Cómo utilizarla: Se utiliza como protección envolviéndola en seda y poniéndola bajo la almohada por la noche. También puede colocarla en la cama cerca de donde duerme y poner las sábanas sobre ella para evitar que entre cualquier energía negativa en la habitación. La turmalina negra con cuarzo azul, verde o transparente suele combinarse con un segundo cristal para formar una rejilla de energía positiva. Esta rejilla puede llevarse alrededor del cuello como un colgante o colocarse en el cuerpo donde crea que necesita más protección. También puede colgar una pieza en la pared o portar una. Puede comprar y llevar joyas de turmalina negra si dispone del dinero suficiente.

Ágata de Botswana

Descripción física: El ágata de Botswana es una piedra de color ópalo con bandas verdes que muestra una gran variedad de patrones. Suele tener bandas negras y marrón claro o marrón amarillento, pero algunas pueden mostrar rayas blancas o negras, así como naranjas y rojas. Algunas pueden mostrar varios patrones negros que se asemejan a cuerdas, espirales o barras. Algunas exhiben bandas alternas de color negro y marrón claro.

Ágata de Botswana.
https://commons.wikimedia.org/wiki/File:Agate_18_(30746155537).jpg

Por qué se utiliza: El ágata de Botswana se utiliza para estabilizar las emociones y proporcionar protección contra la energía negativa. También puede ayudar a proteger contra la contaminación ambiental, como los campos electromagnéticos, y otros efectos perjudiciales de la tecnología moderna, entre ellos los teléfonos móviles y las líneas eléctricas. Los curanderos y los médiums lo utilizan a menudo para mejorar su propia capacidad de conectar con el mundo espiritual. A veces se la conoce como la "piedra de la transformación" por su capacidad de estimular los centros espirituales superiores del cerebro.

Cómo utilizarla: El ágata de Botswana se utiliza como protección colocándola en el alféizar de una ventana o encima o al lado de su cama o almohada. También puede llevar una pieza consigo en forma de colgante o pulsera para usarla en la muñeca o colgarla en la pared.

Ónix

Descripción física: El ónix es una roca que presenta bandas de color, normalmente negras, blancas o marrones. También puede mostrar tonos rojos o amarillos.

Por qué se utiliza: Se cree que el ónice es protector contra la energía negativa y los espíritus malignos y que proporciona alivio del estrés y la ansiedad. También se utiliza para la protección contra los campos electromagnéticos, las radiaciones y otros males que ofrece la sociedad moderna.

Cómo utilizarlo: El ónix se utiliza como protección llevándolo en el bolsillo o usándolo como una pieza de joyería. También se recomienda colocar una pieza en su dormitorio, en su mesa de trabajo o en cualquier otro lugar donde pase mucho tiempo.

Piedra de imán

Descripción física: La piedra de imán es la forma magnética del óxido de hierro que se encuentra en trozos de roca o como pequeñas piedras redondeadas. Como su nombre indica, es una sustancia naturalmente magnética que a menudo puede ser atraída por ciertos objetos.

Por qué se utiliza: La piedra caliza se utiliza como protección contra el mal y la energía negativa, así como para aumentar la prosperidad y defenderse de las maldiciones. También potencia los poderes psíquicos y atrae el amor, la amistad y la buena suerte.

Cómo utilizarla: La piedra de imán puede utilizarse de muchas maneras. En forma de colgante, puede ser llevada por quienes corren el riesgo de ser engañados o como amuleto si teme que un mal de ojo le apunte. También se utiliza para proteger a los que trabajan con veneno o productos químicos, así como por las personas que se dedican a un trabajo que puede hacerles sufrir la exposición a la radiación. La piedra de imán, cuando se coloca en el alféizar de una ventana o bajo la almohada, puede ayudar a alejar la energía negativa y protegerle de los ataques psíquicos. También se dice que es una protección eficaz contra los campos electromagnéticos.

Hematita

Descripción física: La hematita es un mineral metálico brillante y reflectante de color negro. Suele encontrarse en combinación con otros minerales como el mineral de hierro y el cuarzo.

Por qué se utiliza: La hematita se utiliza para aumentar los poderes psíquicos y para proporcionar protección contra la energía negativa y los espíritus. En el antiguo Egipto se utilizaba como amuleto para proteger a los faraones de cualquier daño durante su viaje al más allá. También la utilizan habitualmente las brujas, los chamanes y otras personas que trabajan con el mundo de los espíritus.

Cómo utilizarla: La hematita se utiliza como protección llevando un trozo con usted o llevándolo en el cuerpo como joya. También se recomienda colocar un trozo en su dormitorio, en su casa, en su oficina e incluso en las ventanas y detrás de las puertas para evitar que entren en su casa entidades malévolas.

Ojo de tigre

Descripción física: El ojo de tigre es una piedra que muestra un color dorado en tonos marrones y amarillos, así como dorados y blancos. Algunas piedras pueden tener rayas negras o grises incrustadas, mientras que otras pueden ser solo negras.

Por qué se utiliza: Se utiliza para ayudar a potenciar la fuerza de voluntad personal y para protegerse de la negatividad. Puede utilizarse para aliviar la depresión y se cree que puede ayudar a aliviar el dolor. También se utiliza para atraer la buena fortuna, así como para ayudar al usuario a tomar decisiones.

Cómo utilizarlo: Se utiliza como protección llevándolo como amuleto en el bolsillo. También puede llevar una pieza en la muñeca o en el cuello simplemente colocando la piedra en una pieza de joyería. También puede colocarse bajo la almohada por la noche para mantenerse protegido de la energía negativa.

Cuarzo ahumado

Descripción física: El cuarzo ahumado es una variedad de cuarzo que muestra un color gris que puede ser a veces más oscuro o más claro. Algunas piedras pueden mostrar remolinos marrones o negros, mientras que otras pueden tener manchas grises o blancas.

Por qué se utiliza: El cuarzo ahumado se utiliza para aumentar los poderes psíquicos y para proporcionar protección contra las energías negativas. También puede utilizarse para protegerse de las radiaciones electromagnéticas, como las frecuencias generadas por los teléfonos móviles, las microondas y otros aparatos. También se utiliza para mantener la mente aguda y mejorar la claridad mental.

Cómo utilizarlo: El cuarzo ahumado se utiliza como protección llevándolo en el bolsillo o llevándolo como pieza de joyería. También puede colocarse en su mesita de noche en forma de rejilla con otros cristales como el topacio blanco o el lapislázuli para protegerse de los ataques psíquicos mientras duerme.

Jade negro

Descripción física: El jade negro es una variedad de jade de grano fino casi negro. También puede ser de color púrpura.

Por qué se utiliza: El jade negro se utiliza a menudo para alejar la energía negativa y protegerse contra las maldiciones y la magia negra. También se utiliza para disipar los espíritus malignos, así como para aumentar la curación física y mental y promover la longevidad.

Cómo utilizarlo: El jade negro se utiliza para la protección llevando una pieza cerca del corazón. También se recomienda colocarlo alrededor de su casa y en su lugar de trabajo para alejar los malos espíritus.

Pirita

Descripción física: La pirita, también llamada "oro de los tontos", es un mineral negro con brillo metálico. También puede mostrar colores dorados o verdes y suele tener un tinte dorado en la superficie.

Por qué se utiliza: La pirita puede utilizarse para protegerse a sí mismo y a sus seres queridos contra maldiciones, entidades malévolas y fuerzas malignas. También se utiliza para salvaguardar a quienes trabajan con metales preciosos y para atraer el dinero a su vida y aumentar la prosperidad.

Cómo utilizarla: La pirita puede utilizarse como protección llevándola sobre el cuerpo. También puede colocarse en las cuatro esquinas de su casa, en su vehículo, en su oficina o en cualquier otro lugar donde pase mucho tiempo.

Ópalo

Descripción física: El ópalo es una variedad colorida de cuarzo que es transparente. A menudo se encuentra con un conjunto de bandas de colores, que suelen denominarse "estelas de fuego".

Por qué se utiliza: El ópalo se utiliza como una piedra de protección extremadamente poderosa y una piedra de manifestación. Puede utilizarse para protegerse de las energías negativas, incluidas las generadas por las ondas electromagnéticas y la radiación. También se utiliza para reducir el estrés y aumentar la intuición.

Cómo utilizarlo: El ópalo se utiliza para la protección llevándolo en el cuerpo, especialmente en el lado izquierdo del mismo. También puede colocar un trozo en un marco de fotos vacío y colocar dicho marco sobre la entrada de cada habitación de su casa para protegerse de las energías negativas dentro de esa habitación.

Smithsonita

Descripción física: La smithsonita es un tipo de mineral de zinc que suele ser azulado o verdoso. Lo más habitual es que aparezca como un mineral de color blanco plateado con un brillo metálico.

Por qué se utiliza: La smithsonita se utiliza para ayudar a aliviar el estrés emocional y los traumas. Le protege de las energías negativas generadas por su mente y se utiliza para ayudar a liberar los bloqueos energéticos dentro del cuerpo, restaurando su salud física y emocional.

Cómo utilizarla: La smithsonita se utiliza para la protección colocándola en el chakra del tercer ojo o en el chakra del plexo solar. También puede colocarse en las cuatro esquinas de su casa. Se recomienda llevar un trozo de Smithsonita con usted siempre que salga de casa para protegerse de las energías negativas.

Azabache

Descripción física: El azabache es un tipo de mineral que muestra principalmente colores negros o grises. Se utiliza sobre todo para fabricar joyas, así como con fines decorativos.

Por qué se utiliza: El azabache aumenta su conciencia, ayudándole a ver las cosas como realmente son. También puede utilizarse para mejorar la comunicación con otras personas y espíritus.

Cómo utilizarlo: El azabache puede utilizarse como protección llevándolo como anillo o colgante y situándolo en una formación de rejilla con otras piedras como el lapislázuli o el cuarzo rosa. También puede colocar un trozo de azabache bajo la almohada o debajo del colchón para protegerse mientras duerme.

Cuarzo transparente

Descripción física: El cuarzo transparente es una variedad de cuarzo que muestra una calidad brillante y transparente. Puede incluso mostrar un halo de color del arco iris si es muy puro.

Por qué se utiliza: El cuarzo transparente es un amplificador de energía que eleva su índice vibratorio para ayudarle a conectar con los chakras superiores y a realizar más cambios positivos en su vida.

También se utiliza para despejar la mente, ayudándole a tomar decisiones y a responder adecuadamente a los nuevos acontecimientos. Le protege de cualquier negatividad que pueda haber en el entorno y también le protege de la contaminación electromagnética y las ondas de radio.

Cómo utilizarlo: El cuarzo transparente se utiliza como protección llevándolo sobre el cuerpo y colocándolo en una formación de rejilla con otras piedras como el cuarzo rosa o la amatista. También se recomienda llevar un trozo de cuarzo transparente en el bolso en todo momento para ayudar a purificar las influencias negativas dirigidas a usted.

Amazonita

Descripción física: La amazonita es una variedad verde de cuarzo que suele encontrarse con inclusiones azules o marrones. Suele ser de color claro, pero puede mostrar tonos más oscuros en determinadas condiciones de iluminación.

Amazonita.
https://commons.wikimedia.org/wiki/File:Amazonite_3.jpg

Por qué se utiliza: La amazonita puede absorber la energía negativa y facilitar su liberación del cuerpo. También puede ayudarle a superar la ansiedad, reducir el estrés y mejorar su nivel general de energía.

Cómo utilizarla: Esta piedra puede llevarse como amuleto o colocarse en una formación de rejilla con otros cristales como la turquesa. La amazonita también debe utilizarse mientras se medita, ya que puede ofrecer protección más allá del ámbito físico.

Aunque la lista anterior no es en absoluto exhaustiva, abarca algunas de las piedras más populares que se utilizan para la protección. Cada uno de estos cristales le proporciona niveles útiles de energía positiva y puede ayudar a bloquear cualquier energía negativa que pueda dirigirse a usted. Utilizar estas piedras no solo es una buena idea para usted, sino también para todos los que le rodean, incluidos sus amigos peludos. Sirven de protección a los que entran en su espacio y le permiten centrarse en la energía positiva de su interior.

Capítulo 7: Limpieza y mantenimiento de los cristales

Si ha estado cerca de los cristales durante un tiempo, es probable que haya oído hablar de la necesidad de una limpieza adecuada de los mismos. Esto es necesario porque las piedras curativas almacenan y acumulan la energía negativa de quienes han trabajado con ellas. Con el tiempo esto puede causar problemas como que los cristales se sientan apagados y sin vida a pesar de estar cargados a la luz del sol o de la luna, que los cristales se sientan pesados y atraigan sus pensamientos hacia la tristeza, o que se produzcan otros cambios físicos en el cristal como cambios de color o superficies agrietadas.

La mayoría de la gente piensa que los cristales deben limpiarse una vez al mes o cada año, pero esto no es muy preciso. Los cristales deben limpiarse según sea necesario, dependiendo de lo que usted les haya hecho pasar. Cuando esté aprendiendo a utilizar los cristales en el trabajo de hechizos o en la curación energética, es bueno limpiarlos regularmente porque son muy sensibles y captarán toda la energía a la que los exponga, incluso por accidente. Una vez que haya aprendido a utilizar los cristales correctamente, es mejor limpiarlos solo antes y después de hechizos o curaciones específicas.

Cosas a tener en cuenta sobre los cristales

Los cristales pueden ser destruidos por su uso prolongado por entidades negativas que saben aprovechar la energía curativa del cristal para sus propios fines ilógicos. Algunos cristales son más susceptibles a esto que otros, por lo que es mejor no mantener nunca los mismos cristales en uso durante más de un mes a la vez. Entonces, ¿cómo limpiamos los cristales correctamente? Antes de empezar, debe saber lo siguiente:

- A los cristales les gusta ser tocados o expuestos al movimiento o a la fricción. Para ello, puede manipularlos usando guantes mientras limpia sus cristales o frotándolos con un estropajo o paño de limpieza.

- Los cristales deben limpiarse con frecuencia, al menos una vez al día si es posible. Los cristales de concentración tienen más necesidades de limpieza que las piedras normales porque son más sensibles a la energía de usted y de su entorno, por lo que es importante limpiarlos regularmente.

- La energía negativa de otras personas, espíritus y animales puede expulsarse del cristal mediante el contacto con el agua.

- No es necesario utilizar tipos específicos de agua para limpiar los cristales. El agua del grifo o de una piscina (aunque el cloro puede afectar a la energía de los cristales) funcionará bien. Si va a limpiar sus cristales en un arroyo u otra masa de agua natural, como un río o un lago, compruebe previamente que el agua no tenga zonas estancadas, como excrementos de pájaros o excrementos de animales.

- Si utiliza cristales autolimpiables como la selenita, no es necesario limpiarlos regularmente. Están diseñados para equilibrar sus propias propiedades, y cualquier energía negativa se desecha inmediatamente a través de un vórtice energético especial en el cristal.

- Los cristales que han sido limpiados de energía negativa pueden ser reprogramados manteniéndolos bajo el agua corriente durante unos quince minutos. Esto refrescará sus cristales y los hará más receptivos a sus intenciones, permitiéndole un mayor control sobre su funcionamiento en su vida.

Técnicas de limpieza

Limpieza con sahumerios: El sahumerio consiste en quemar un pequeño manojo de hierbas para eliminar la energía negativa de la zona. Puede sahumar sus cristales y otros objetos en toda su casa o lugar mientras no estén en uso. Quemar manojos de hierbas es especialmente útil si está utilizando los cristales en el trabajo de hechizos. Al ofrecer el manojo de sahumerio al cristal, usted ofrece su deseo al campo energético de este, lo que magnificará y reforzará esta intención para usted. No es aconsejable sahumar un cristal para alejar la energía negativa todo el tiempo, sino que es más útil al principio y al final de un hechizo cuando se está atrayendo energía positiva; no debe utilizarse constantemente, o expulsará también la energía positiva.

Las varas de sahumerios son fáciles de elaborar por uno mismo con hierbas, raíces y flores secas. Pruebe siempre una hierba o una flor antes de utilizarla como sahumerio porque puede sufrir una alergia a ella o puede ser tóxica en grandes dosis. Para hacer una vara de sahumerio, solo tiene que agrupar las hierbas con fuerza y atarlas con un cordel. Si utiliza flores o palitos, procure utilizar material vegetal ya seco y quebradizo en lugar de fresco o vivo. No tiene que ser específico en cuanto al tipo de hierbas que utiliza, pero es mejor evitar el uso de cualquier cosa tóxica. Algunos buenos ejemplos son la salvia, el cedro, la lavanda, el romero, la canela y el pachulí. Los cristales que mejor se limpian con este método son la aventurina, la modalita, la esmeralda, el granate, la malaquita o cualquier cristal verde o marrón intenso.

Limpieza con agua salada: Otra forma de limpiar sus cristales es utilizar un aclarado de agua salada. Esto es especialmente útil para limpiar la energía negativa por la mañana, cuando está empezando el día. Simplemente coloque el cristal en un pequeño plato de agua salada purificada y déjelo durante quince minutos. Puede sustituir este método por agua de mar si le apetece. Después de quince minutos, enjuague el cristal bajo el grifo y déjelo en el alféizar de la ventana o en cualquier otro lugar donde reciba la luz directa del sol. Esto favorecerá su curación. Los cristales de textura blanda no deben exponerse al agua porque causará daños físicos en su estructura. Los cristales que mejor se limpian con agua salada son el jaspe, la obsidiana, la amatista, el ágata, la labradorita, el cuarzo rosa y cualquier otro cristal duro.

Limpieza a la luz de la luna: Existe una conexión muy fuerte entre la luna y la magia porque es la única constante en nuestras vidas, cada día de cada mes. La luna es una gran manera de ayudar a equilibrar las energías y eliminar la energía negativa que se ha acumulado en su vida o en sus cristales. Puede limpiar los cristales colocándolos en el exterior mientras la luna está llena en una noche en la que no haya posibilidad de lluvia u otros elementos que puedan dañar los cristales o la tierra, como el viento. Incluso puede colocar uno o varios de sus cristales en un cuenco lunar y dejarlo fuera durante la noche. Los cristales que mejor se limpian con este método son la aventurina, el ámbar, la crisoprasa, la esmeralda, el jade y el cuarzo rosa.

Limpieza con luz solar: Este es un método muy eficaz que puede utilizar si se ve en la necesidad de limpiar sus cristales con regularidad. La luz del sol es la forma de energía más poderosa y disponible en el mundo. Es, en cierto modo, pura magia y puede tener un gran efecto sobre sus cristales. Puede sacar al sol los cristales que crea que pueden necesitar una limpieza y dejarlos allí todo el día mientras cargan su energía con la energía del sol, pero asegúrese de que nadie más que usted toque el cristal después de haberlo expuesto a la luz solar. El sol es el mejor limpiador energético natural que existe y repelerá de forma natural cualquier energía negativa de sus cristales. Los cristales que mejor se limpian con este método son el ámbar, el ojo de tigre, el cuarzo ahumado, el peridoto y la aguamarina.

Limpieza con agua: Esta es una de las formas más fáciles de limpiar sus cristales. Solo lleva unos segundos, pero nunca debe dejar los cristales en agua durante más de quince minutos, por muy limpia que crea que está el agua o por muy dura que sea la piedra. El agua puede filtrarse en las pequeñas grietas y dañar la estructura del cristal. Coloque sus cristales bajo un grifo y déjelos allí durante unos quince minutos o menos. Esto lavará cualquier energía negativa de ellos y los refrescará para otro día. Los cristales que mejor se limpian con agua son el ágata, la amatista, el aqua aura y otras piedras duras.

Enterrarlos en la tierra: Si tiene muchos cristales, puede ser útil enterrarlos en la tierra durante unos días. Simplemente cave un agujero en su jardín o en algún lugar donde pueda enterrarlos y dejarlos sin perturbar. Es importante colocar algo encima de los cristales enterrados para que no los perturben los animales que cavan u otros elementos, como el viento. Puede enterrarlos mientras están en un manojo de sahumerio, utilizando dos métodos de purificación a la vez. Esta es una gran manera de limpiar sus cristales, pero tenga cuidado de no enterrar ningún cristal que tenga un agujero o marcas porque esto causará un daño innecesario. Los cristales que mejor se limpian con este método son cualquier cristal negro o blanco, azul o marrón.

Cómo utilizar el Reiki para limpiar sus cristales: El reiki es un antiguo arte de curación que utilizan muchas personas en todo el mundo. Consiste en enviar su intención a un objeto o persona para sanar y purificar ese campo energético. Puede utilizar el Reiki para limpiar sus cristales simplemente sosteniéndolos en sus manos o dejando que su mano se cierna sobre ellos y enviando su energía a los cristales. Puede hacer esto durante el tiempo que desee y en cualquier lugar en el que se encuentre. Sin embargo, asegúrese de que está vibrando a una frecuencia alta e irradiando solo energía positiva antes de hacer esto porque sus cristales tomarán cualquier energía que usted les dé, así que es prudente asegurarse de que sea positiva. También puede limpiar los cristales de este modo si está fuera de la ciudad o de vacaciones. Los cristales que mejor se limpian con Reiki son la amatista, la esmeralda, el jade, el cuarzo y cualquier piedra de color opaco.

Limpieza con un cristal generador: Si trabaja con una cantidad muy grande de cristales, puede ser difícil limpiarlos uno por uno. En este caso, utilizar un cristal generador es una buena idea. Esto significa que usted encuentra un cristal especial que actuará como foco central para todos los demás cristales de su colección. Cada vez que limpie este cristal generador, estará limpiando el resto de sus cristales y no tendrá que limpiarlos individualmente. Los cristales que mejor se limpian con generadores son cualquier cristal transparente y la labradorita.

Limpieza con aceites esenciales: Muchos aceites esenciales son poderosos limpiadores por sí mismos y repelen de forma natural la energía negativa. Algunos aceites que puede utilizar para limpiar los cristales son el limón, la bergamota, el sándalo, el palo santo, el romero, el pachulí y el incienso. Puede limpiar sus cristales poniendo unas gotas en sus dedos y frotándolos sobre el cristal. También puede poner unas gotas en un plato con agua salada y dejar que el cristal repose toda la noche antes de enjuagarlo por la mañana. Incluso puede frotar unas gotas de aceite esencial directamente sobre la parte superior de su cristal. De cualquier manera, esta será una limpieza muy poderosa y debería hacerse regularmente. Los cristales que mejor se limpian con aceites esenciales son la aventurina, la amatista, la sodalita y el cuarzo.

Limpieza con imanes: Los imanes son muy útiles para limpiar sus cristales, ya que ayudan a repeler la energía negativa que entra en contacto con ellos. Hay muchas formas de hacerlo, pero todas implican el uso de imanes para proteger los otros cristales de su colección. Puede colocar su cristal sobre un trozo de papel, coger un imán y pasarlo por el cristal, o puede colocar su cristal en una caja con el imán y agitarlo. Otra forma eficaz de hacerlo es tener un imán grande apoyado en un soporte y tener sus cristales colocados encima. Esto protegerá todos los cristales de su colección y también funcionará para limpiarlos. Puede limpiar sus cristales utilizando un imán en cualquier momento que sienta que necesitan una limpieza, pero es mejor si lo hace con regularidad. Los cristales que mejor se limpian con un imán son la amatista, el cuarzo transparente, los cristales azules y los cristales metálicos.

Limpieza con selenita: La selenita es un tipo especial de cristal que tiene el poder de proteger sus cristales y mantenerlos limpios. Funciona como un escudo protector alrededor de todas las demás piedras de su colección y le ayudará a mantenerlas limpias y puras, así como positivas. Lo mejor de la selenita es que trabajará de forma coherente con sus otros cristales y hará todo el trabajo por usted. Puede utilizar la selenita como foco central de sus esfuerzos de limpieza, o puede simplemente tenerla en su colección y dejar que haga el trabajo por usted. Los cristales que mejor se limpian con la selenita son cualquier cristal transparente, azul, negro y marrón.

Cristales autolimpiables: Algunos cristales son especialmente eficaces para limpiar otros cristales, pero también pueden utilizarse para limpiarse a sí mismos sin su ayuda. Lo hacen emitiendo su propia energía positiva y purificando su campo energético. Los cristales de autolimpieza son especialmente útiles para mantener limpias y protegidas las piedras de alta energía. También son útiles para limpiar las piedras con alto contenido en hierro y liberarlas de cualquier energía negativa que su hierro pueda haber atraído. Los cristales autolimpiables también se pueden utilizar para limpiar un manojo de sahumerio porque funcionan como un filtro para deshacerse de todas las energías dañinas del manojo y hacer aflorar su energía positiva. Los cristales autolimpiables más comunes son la cianita azul, la turmalina negra, la cornalina, la selenita y el citrino.

¿Qué es la programación de cristales?

La programación de los cristales es un conjunto de técnicas que puede utilizar para programar sus cristales con sus intenciones a fin de amplificar su energía. Es una forma de dar a los cristales un propósito específico. Puede programar sus cristales para que transporten diferentes frecuencias de energía, magnifiquen sus intenciones o le ayuden con cualquier otra cosa que necesite. También puede programarlos con información sobre usted y reprogramarlos si lo necesita más adelante. Esto también se llama cargar o activar su cristal. Para programar sus cristales, necesita saber lo siguiente:

1. **Elegir una frecuencia base:** Esta es la frecuencia o energía que quiere dar a su cristal. Al elegir esta frecuencia, tenga en cuenta que las vibraciones se diluyen a medida que se alejan de su fuente. Esto significa que la energía y los efectos de su cristal serán más fuertes si está físicamente cerca de usted cuando lo programe, por lo que es mejor mantenerlo en sus manos durante la programación.

2. **Elegir una intención:** Una intención es una dirección que tomará esta nueva energía programable. El objetivo que intenta alcanzar con el cristal puede ser cualquier cosa,

desde curarse a sí mismo hasta atraer dinero. Para elegir una intención, debe tener en cuenta qué es lo que quiere de su cristal.

3. **Elección de un símbolo:** Cuando cargue su cristal con una intención, no solo es importante elegir esta intención, sino también un símbolo para el cristal. Un símbolo es un objeto o artículo específico que puede ayudar a su mente a concentrarse en esta nueva frecuencia o intención. Es importante elegir algo con significado y energía personal, como un objeto que signifique mucho para usted o algo que represente su intención. También puede utilizar cosas como letras o formas en lugar de objetos. Al elegir un símbolo para su cristal, es importante recordar que debe tener sentido según la intención.

4. **Limpiar el cristal:** Esto es importante a la hora de programar los cristales. Esto se debe a que usted quiere asegurarse de que su cristal esté lo más limpio posible antes de darle un nuevo propósito.

Cómo programar un cristal

Después de elegir la frecuencia base, la intención y el símbolo, es el momento de programar. Puede hacerlo siguiendo estos pasos:

Paso 1: Visualizar el cristal: Empiece mirando el cristal con el ojo de su mente e imaginando que hay una energía que fluye desde él. Ahora asegúrese de imaginar que esta energía entra en cada fibra de su ser hasta que toda la energía haya sido absorbida.

Paso 2: Programar el cristal: Ahora quiere abrir un canal entre usted y el cristal. Para ello, utilizará la intención que haya elegido. Puede decir la intención en voz alta o dentro de su cabeza. Es importante que ponga toda la energía posible en ella y visualice al cristal absorbiendo esta energía.

Paso 3: Dar las gracias: Al programar un cristal, siempre es bueno dar las gracias. Esto ayuda a cerrar el canal entre usted y el cristal, para que su energía no fluya continuamente hacia él.

Paso 4: Repita este proceso cada día: Si quiere que su cristal programado permanezca con estas intenciones, tendrá que repetir este proceso cada día o tan a menudo como lo recuerde hasta que decida hacer un cambio. Si alguna vez quiere cambiar la intención, puede simplemente reprogramar el cristal. Esto hará que el cristal reaccione a una nueva frecuencia y emita nuevas energías según sus necesidades. Tendrá que limpiar el cristal antes de reprogramarlo para deshacerse de las energías negativas o antiguas en preparación para la nueva intención.

PARA RECAPITULAR: El mantenimiento de los cristales es importante para todos ellos, independientemente de la frecuencia o la intención que les haya dado. Esto se debe a que son energía, y la energía necesita recargarse periódicamente. Para que sus cristales sigan funcionando en su estado óptimo y se asegure de que sus vibraciones permanecen donde usted quiere, deberá limpiarlos regularmente. Esto también los mantendrá libres de cualquier vibración extraña o energía negativa que pudiera estar atrapada en su campo energético. Depende de usted el método que elija para limpiar sus cristales, y puede utilizar más de un método al mismo tiempo si lo desea. También depende de usted la frecuencia con la que lo haga, pero, como regla general, limpiar sus cristales cada semana es una buena idea. La calidad de sus cristales es importante para el resultado de sus energías y propósitos, por lo que tener cristales de mayor calidad que se mantengan adecuadamente conducirá a mejores resultados.

Segunda parte: Los cristales y los signos del zodiaco

Capítulo 8: Los cristales para los signos de tierra

Los signos de tierra tienen los pies en la tierra, son prácticos, ambiciosos y suelen tener un fuerte sentido de la autoconservación. También son líderes naturales, que es una de las razones por las que se sienten atraídos por el espíritu empresarial. Lo básico que tienen en común todos los miembros de este grupo es que prefieren la estabilidad en la vida y en el trabajo. Un título de trabajo no es lo que les define. Se trata de la labor que producen.

Los signos de tierra se esfuerzan por conseguir la estabilidad porque será su constante en tiempos de cambio, lo que significa ser capaces de mantenerse a sí mismos y a sus seres queridos. También tienden a ser individuos con los pies en la tierra, con un enfoque de pensamiento práctico y les gusta ir directamente al grano sin dejarse llevar por los sentimientos ni preocuparse por lo que piensen los demás. Esto puede significar a veces que las personas de signo de tierra no son muy sociables, pero esto no es personal y es simplemente un rasgo natural. Debido a su carácter de tierra, los signos de tierra tienden a ser muy prácticos y realistas, algo que a menudo se refleja en su trabajo. Los tres signos de tierra son Capricornio, Tauro y Virgo.

Capricornio (22 diciembre - 19 enero)

Capricornio está regido por el planeta Saturno y está simbolizado por una cabra. Capricornio es alguien que estará muy centrado en el trabajo que tiene entre manos y destacará en el ámbito laboral. También es alguien que se dedicará increíblemente a su trabajo y se esforzará por llegar a lo más alto, lo cual es un rasgo que suele ser muy atractivo para los empleadores. Como alguien que disfruta trabajando duro, las personas de Capricornio también tienden a ser bastante ambiciosas y decididas. También tienden a ser bastante reservadas, así que no espere que hablen de asuntos o emociones delicadas con facilidad.

Los Capricornio sobresalen en situaciones prácticas y suelen ser muy buenos para concentrar su energía y dirigirla hacia actividades productivas. También suelen ser bastante reservados. Esto se debe a que son muy cuidadosos a la hora de establecer nuevas relaciones y abrirse a los demás, lo que a veces les hace parecer distantes. No siempre son los mejores para captar las señales sociales, especialmente cuando provienen de otros signos de tierra. Su mayor fortaleza es ser capaces de trabajar solos, pero esto también puede verse como una debilidad porque pueden parecer fríos y distantes.

La persona de Capricornio es muy buena para motivar e inspirar a los demás. Sin duda, son los mejores para dirigir y gestionar a los demás. La gente tiende a confiarles implícitamente su dinero y sus carreras. Les encanta planificar con antelación, lo que hace que les resulte muy fácil ver agujeros en los planes de los demás y rectificar la situación. Por eso suelen ser muy buenos gerentes, capaces de prevenir los problemas antes de que surjan. Lo único que puede frenar a un Capricornio es quedarse atrapado en los detalles o esperar a que todo sea perfecto antes de pasar a la acción. Por ejemplo, a menudo pueden quedarse paralizados ante las críticas, preocupados por haber cometido un error. También tienden a ser adictos al trabajo, como otros signos de tierra, y nunca tienen suficiente trabajo, lo que les hace bastante desgraciados a veces.

Su mayor debilidad tendría que ser la tardanza y la procrastinación. Cuando desarrolla un plan detallado para una actividad, un Capricornio necesita asegurarse de que todo está al día y de que no hay lagunas en el plan. Si no pueden ver esto, es posible que hagan las cosas en el último momento o que se precipiten. Esto puede provocar la frustración de las demás personas que participan en la actividad o de la propia persona de Capricornio, lo que a veces puede hacer que eviten las actividades por completo.

Los Capricornio suelen ser muy leales y protectores con sus parejas en las relaciones íntimas. Son amantes muy solidarios y sinceros que siempre están atentos a sus seres queridos. Suelen ser muy precavidos y cuidadosos a la hora de buscar una relación y salir con alguien. Definitivamente no se lanzan a las cosas de forma ligera. Cuando conocen a alguien que les llama la atención, lo mantendrán en el fondo de su mente, preguntándose cómo abordarlo. Prestarán atención a todo lo que diga y haga su potencial pareja en un intento de averiguar qué tipo de persona es.

Los signos de tierra no suelen ser muy agradables a la vista. Hay una seriedad natural en ellos que a veces puede resultar desagradable. Los Capricornio no son una excepción. A pesar de este hecho, muchos Capricornio suelen ser increíblemente encantadores. La gente tiende a simpatizar con ellos por su forma de desenvolverse. En general, Capricornio es un excelente empleado y un líder aún mejor. También están muy presentes, son capaces de ver el panorama general y harán todo lo posible para que las cosas salgan bien. Su búsqueda de estabilidad significa que están dispuestos a trabajar duro y a no quejarse de su vida. En cambio, hacen con gusto lo necesario para que las cosas sean más fáciles para los demás.

Cristales para los Capricornio

Granate rojo: Como piedra de nacimiento de este zodiaco, la piedra granate roja es imprescindible para los Capricornio. Los granates rojos se asocian con la pasión y la destrucción, aspectos sobre los cuales los capricornianos deben tener especial cuidado. Los granates rojos deben colocarse en la zona del cuerpo propensa a los accidentes y las lesiones, como la parte superior de los brazos, los codos y las rodillas.

Es la piedra de color del coraje y la devoción, dos rasgos necesarios para el liderazgo, posición que encarna perfectamente el

Capricornio. La piedra granate es también un elemento perfecto para este signo, ya que ayuda a regular las emociones, especialmente las relacionadas con el autocontrol o la autodisciplina. El granate inspira la calma interior ayudando a quienes lo llevan a mantenerse centrados en sus objetivos y ambiciones sin importar qué tipo de presiones externas se les planteen.

Jaspe Océano: El jaspe océano es algo que cualquier Capricornio debería tener en su poder, especialmente si se trata de un hombre Capricornio. El jaspe océano es una piedra que ayuda a quien la lleva a encontrar la fuerza interior para enfrentarse a sus miedos cara a cara. Esto es perfecto para los Capricornio, que tienden a ser bastante inseguros a veces y tienen una desagradable tendencia a pensar demasiado en cada pequeña decisión que toman.

El Jaspe Océano también ayuda a quienes lo llevan a enfrentarse a sus penas y a aprender de ellas, en lugar de descartarlas como errores o motivos de vergüenza y bochorno. Esto es perfecto para el hombre de Capricornio, que tiende a juzgarse a sí mismo con dureza y cuyos miedos les llevan a menudo a tomar decisiones desacertadas que acaban por dejarles peor que cuando empezaron. Al aprender de los errores del pasado, Capricornio puede desarrollar una confianza en sí mismo que le ayude a sacar lo mejor de sí mismo y de los demás.

Piedra del sol: Este es otro cristal que cualquier Capricornio debería tener en su poder. Es una piedra maravillosa para quienes la llevan, ya que aumenta la felicidad y la confianza.

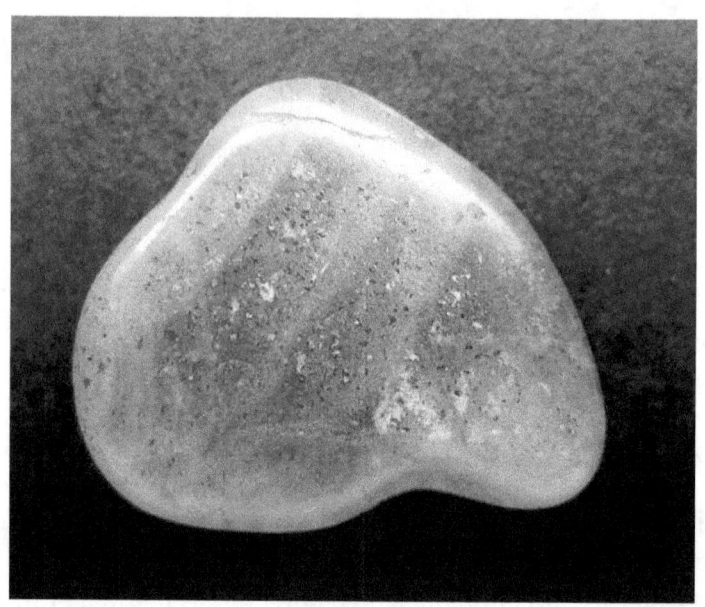

Piedra del sol.
Fuente: https://commons.wikimedia.org/wiki/File:Oligoclase-Sunstone_from_India2.jpg

Esto es perfecto para los Capricornio, cuya tendencia a la timidez puede hacer que a veces duden de sus propias capacidades, lo que los lleva a cometer errores y perder oportunidades. La piedra del sol ayuda a evitar esto creando una atmósfera de calidez y afecto que hace que los demás se sientan cómodos y confiados, independientemente de la situación en la que se encuentren. Los Capricornio también tienden a ser muy negativos a veces, preocupándose a menudo por las cosas antes de que sucedan. La piedra del sol ayuda a los Capricornio a superar sus miedos y a ser más positivos consigo mismos.

Cuarzo de Apulia: Para los Capricornio, el cuarzo de Apulia es una piedra que puede ser de gran ayuda. Este cuarzo puede aportar una sensación de sabiduría a la persona, ayudándola a obtener el autoconocimiento y la comprensión de las relaciones entre las personas y las cosas. Esto es esencial para los Capricornio, que tienen un gran interés por todo lo relacionado con el mundo. Son muy curiosos por naturaleza y quieren aprender sobre todo lo que está a su alcance. El cuarzo de Apulia puede ayudar a Capricornio a comprender sus propios puntos fuertes y débiles, permitiéndole ser más compasivo con los demás e incluso con las personas a las que, de otro modo, les costaría perdonar.

Tauro (20 de abril-20 de mayo)

Tauro está regido por el planeta Venus y simbolizado por el Toro, que representa la fuerza y la perseverancia. Los Tauro son generalmente ecuánimes. Son personas de confianza que nunca se dejan llevar por sus emociones, excepto durante un raro periodo en el que se vuelven demasiado obstinados. Los Tauro son personas muy reflexivas. Les encanta hablar de cosas que han sucedido en el pasado o de situaciones que pueden ocurrir en el futuro, en lugar de estar en el momento.

Cuando se trata de amistades, los Tauro no son precisamente el signo más leal del zodiaco. Tienden a tener favoritos y a guardar rencores. A veces, pueden parecer fríos y distantes, pero esto es solo porque no quieren que los demás se acerquen demasiado. Disfrutan teniendo amigos a su alrededor y son criaturas muy sociales, pero su mal humor puede hacer que a veces sea difícil para los demás mantener una amistad con ellos.

Sobre todo, les gusta mantener las cosas a una distancia razonable con los amigos y la familia. Si usted es una persona a la que le gusta ser cercana e íntima con todos los que conoce, puede que le cueste conectar con un Tauro. No siempre dejarán claro cuándo no quieren su compañía, sino que esperarán a que usted asuma que no quieren verle. Sin embargo, no se lo tome como algo personal. Pueden ponerse de muy mal humor cuando no están en su zona de confort. También tienden a guardar rencor de vez en cuando. Esto es algo que definitivamente necesita ser trabajado por su parte. Pueden ser muy difíciles de tratar durante estos momentos, por lo que es importante saber qué tipo de teclas hay que evitar.

También tienden a ser un poco materialistas, lo que no es precisamente sorprendente dado que su planeta regente es Venus. Les gusta rodearse de belleza y lujo. Aunque, en su mayor parte, esto no lo hacen de forma ofensiva. Simplemente es algo a lo que están acostumbrados desde su nacimiento. No se ofenda si le piden algo demasiado extravagante. Si realmente se preocupa por ellos, hay cosas por las que vale la pena derrochar.

Los Tauro son conocidos por ser amantes muy sensuales y apasionados. Son el tipo de personas que necesitan sentirse cómodas con alguien antes de empezar a abrirse. Prefieren tomarse su tiempo antes de expresar su amor físicamente, lo que les convierte en unos románticos un poco anticuados a veces. No se precipitan en las relaciones, sino que eligen a la persona adecuada con el tiempo y dejan que sus sentimientos se desarrollen de forma natural. Una vez que se enamoran de verdad de alguien, les resulta difícil ver a otra persona más bella o encantadora que la que ha capturado su corazón. La mayoría de ellos tienen buen ojo para la belleza, así que esto no es realmente tan sorprendente.

Por lo general, son personas muy seguras de sí mismas, aunque tienden a ocultar sus emociones tras una cortina de reservas. Sin embargo, una vez que se sienten completamente cómodos con alguien, se abrirán y revelarán la profundidad de sus sentimientos. Tampoco son unilaterales. Aprecian a alguien que pueda ser romántico y considerado, así que como Tauro, asegúrese de que la persona que busque esté dispuesta a subir la temperatura en el dormitorio también.

Cristales para los Tauro

Topacio azul: El topacio azul es una piedra que puede ayudar a los Tauro a ser más íntegros en el departamento emocional. Puede darles más empatía hacia otras personas, ayudándoles a comprender que no todo el mundo es tan afortunado como ellos. También es muy útil para quienes lo llevan, ya que les ayuda a mantenerse centrados en sus objetivos y ambiciones personales. El topacio mantiene a la persona centrada en lo que es importante y racionaliza por qué las cosas suceden como lo hacen. Esto es perfecto para los Tauro, que tienden a revolcarse a veces en sus propios problemas, lo que les dificulta ver cómo los demás se enfrentan a contratiempos similares. El topacio les ayuda a tomar el control de sus sentimientos y emociones, siendo capaces de ver las cosas desde una perspectiva diferente.

Amonita: La Amonita es una piedra maravillosa para los Tauro. Este cristal puede ayudarles a derribar las barreras mentales que pueden haber obstaculizado su progreso en el pasado. Es una piedra que permite a los Tauro superar sus miedos desterrando todas las dudas de su mente. También les ayuda a hacer frente a cualquier problema emocional que puedan estar experimentando.

Los Tauro tienden a sentirse abrumados e inseguros cuando se sienten especialmente vulnerables, por lo que la amonita es excelente para ayudarles a recomponerse cuando se sienten intimidados.

Kunzita: La kunzita es un cristal muy calmante, que puede ser maravillosamente útil para quienes la llevan. Es conocida por aportar paz al espíritu y es una piedra excelente para quienes se encuentran muy estresados.

Kunzita.
https://commons.wikimedia.org/wiki/File:Kunzite-Hiddenite.jpg

La kunzita puede ayudar a un Tauro a encontrar de nuevo su centro cuando se siente un poco apagado o desequilibrado. Tiene una energía muy suave que se nota en el momento en que entra en su espacio, y esta energía ayudará a cualquier Tauro que requiera un poco de paz y tranquilidad.

Goldstone o Piedra de oro: La piedra de oro es una piedra maravillosa que puede ayudar a un Tauro a sentir la pasión y la energía de la tierra. Es muy útil cuando necesitan hacer fluir sus energías y se sienten bastante apagados. Puede ayudarles a ser más activos, incluso si están atascados. La piedra de oro es una piedra que cualquiera puede apreciar, sin importar su ocupación. Si es una persona con un lado creativo, es una piedra estupenda para usted. La piedra de oro también es perfecta para usted si es contable o banquero.

Virgo (23 de agosto-22 de septiembre)

Virgo está regido por el planeta Mercurio y simbolizado por la Virgen, que representa la pureza y la salud. El Virgo es alguien que es perfeccionista. Siempre se esfuerzan por dar lo mejor de sí mismos para impresionar a los demás. Son personas extremadamente analíticas, lo que significa que tienden a pensar bien las cosas antes de tomar una decisión. Gracias a esta cualidad, muchos de ellos son excelentes médicos y cirujanos. Tienen la atención al detalle que les ayuda a identificar cuando algo no está bien. No importa en qué campo acabe un Virgo, puede estar seguro de que hará su trabajo a la perfección.

Los Virgo son conocidos por ser muy precavidos. Casi siempre piensan en el peor de los casos, lo que significa que probablemente se preocupan constantemente por todo. Es probable que esto se remonte a su infancia. Los Virgo, en general, tienden a pasar por un momento un poco difícil al crecer. Muchos de ellos tienen familias complicadas, por lo que aprenden muy pronto en la vida que tienen que ser cuidadosos con la manera de tratar a la gente para sobrevivir.

Por fuera, los Virgo pueden parecer fríos y distantes. No les suele gustar abrirse demasiado más allá de su círculo íntimo y tienden a confiar en muy pocas personas a lo largo de su vida. Generalmente son muy trabajadores, por lo que es posible que nunca vea a un Virgo sentado sin hacer nada. Tienden a asumir muchos trabajos y a ser perfeccionistas en todo lo que hacen. Esto puede llevar al agotamiento a algunos Virgo, ya que hacen malabarismos con tantos proyectos a la vez. Los que no se presionan demasiado encontrarán que su vida se vuelve más equilibrada y manejable con el tiempo. Solo hace falta un poco de experiencia para saber cuánto es demasiado.

Todos los Virgo tienen un requisito cuando se trata de amor y romance: Deben estar con alguien que los vea por lo que realmente son. No tolerarán a alguien que no los vea por lo que son, así que asegúrese de ser abierto y honesto con su amante Virgo. No querrá mentirles porque a la larga solo acabarán haciéndose daño mutuamente. Son personas muy directas y no tolerarán las mentiras. Esto es algo que debe tener en cuenta cuando trate con un amante de Virgo. Cuando se trata de comprometerse, los Virgo son precavidos pero leales. Esto significa que, por lo general, es muy difícil separarse de ellos una vez que están ligados.

Cristales para los Virgo

Zafiro: Los Virgo pueden beneficiarse del uso de los cristales de zafiro por una serie de razones diferentes. El zafiro es conocido por alejar el estrés, que es algo que un Virgo siente de forma casi constante. Hay muchas maneras de utilizar este cristal. Puede colocarlo en su armario o en su bolso, llevándolo consigo en todo momento. Para un efecto aún más fuerte, coloque un zafiro bajo su almohada mientras intenta dormir. Los resultados serán evidentes en pocos días.

Sardónice: El sardónice es conocido por aportar nueva energía, por lo que es una piedra estupenda para alguien que busca renovar su vida. Necesitan despejar los elementos negativos que puedan estar agobiándoles. El sardónice puede ayudarles en este sentido. Eliminará todas las energías negativas de su vida y las cambiará por algo mejor, algo que un Virgo necesita en su vida.

Ágata musgosa: El ágata musgosa es una piedra excelente para los Virgo. Les ayuda a ser muy honestos consigo mismos. Tienden a ser muy reservados, por lo que necesitan aprender a abrirse y a confiar en la gente. El ágata musgosa es una piedra que les ayudará a tomar conciencia de sus emociones profundas y les permitirá sentir cosas que han reprimido. Les ayudará a conectar con su interior en un lugar seguro donde no se sentirán cohibidos por lo que sienten.

Unakita: Para la persona que es un poco indecisa, la unakita es una gran piedra para usar. Les ayuda a ver el panorama general y les hace sentirse más tranquilos. Los Virgo suelen ser muy analíticos, lo que significa que les gusta desglosar las cosas y analizarlas. Si algo les molesta, normalmente encontrarán la manera de solucionarlo. Esto suele ocurrir a expensas de su lado emocional. La unakita puede ayudar a Virgo a darse cuenta de que está bien que dependan de los demás para recibir apoyo cuando se enfrentan a situaciones difíciles. Les ayudará a saber cuándo es el momento de que otra persona intervenga y se ocupe del problema.

Capítulo 9: Los cristales para los signos del aire

Los signos de aire son más conocidos por su intelecto y creatividad. Tienen un gran apetito de conocimiento y la flexibilidad necesaria para asumir muchas tareas. Son buenos comunicadores y disfrutan tanto trabajando en grupo o con otros como en solitario. Son personas optimistas, intelectuales, imaginativas, amables, flexibles y adaptables. Les encanta el cambio y ser estimulados por nuevas ideas, lo que a menudo se traduce en su curiosidad por el mundo que les rodea. En consecuencia, pueden ser personas muy inconsistentes, ya que no les gusta trabajar en una sola tarea durante mucho tiempo, sino que se centran en muchas cosas a la vez, con el objetivo de que todo salga bien. Tienen tendencia a ser bastante idealistas, ya que están dispuestos a imaginar las mejores cualidades de las personas y las situaciones.

Los nativos de los signos de aire son inquietos y pueden ser bastante imprevisibles, lo que hace que sea emocionante y divertido estar con ellos. En general, no les gustan las rutinas ni quedarse estancados en un mismo lugar durante demasiado tiempo. También pueden ser muy impresionables, lo que los lleva a tener dificultades para tomar decisiones sin el apoyo o la ayuda de los demás. Por otro lado, ofrecen fácilmente su apoyo, su perspicacia, su orientación y su ánimo cuando otra persona está atascada en un problema o una tarea concreta.

Los signos de aire están muy implicados con la sociedad y el entorno en el que viven. A menudo les gusta estudiar la forma de hacer las cosas de los demás y tratarán de aplicar su creatividad, intelecto e imaginación para sacar el máximo partido a las situaciones sociales. Esto los lleva con frecuencia a probar diferentes actividades como el coaching de vida o esfuerzos artísticos como la pintura, la poesía o la escritura. Les gusta estar rodeados de gente y prosperan trabajando con otros individuos o grupos, ya que comparten un gran sentido de la aventura y el amor por las nuevas ideas. Pertenecen a este grupo Libra, Acuario y Géminis.

Libra (21 de septiembre-23 de octubre)

Libra está regido por el planeta Venus y está simbolizado por la balanza. Los Libra son conocidos por ser individuos muy complejos. Son increíblemente sensibles y sienten las cosas a un nivel más profundo que nadie. A menudo sienten la necesidad de expresarse a través del arte o la poesía, lo que les convierte en individuos muy artísticos. Tienen un aura un poco misteriosa, que proviene de su capacidad para manipular las emociones de los demás.

Las personas de Libra suelen ser individuos muy cariñosos con corazones que pueden romperse fácilmente. Esto se debe a que tienden a dejar de lado sus propios sentimientos para ayudar a otra persona que puede necesitarlo mucho más que ellos. Sin embargo, a veces son muy manipuladores y utilizan su encanto y atractivo para salirse con la suya. Se les da muy bien poner una fachada, por lo que tienen que asegurarse de que están emocionalmente equilibrados para evitar que su lado Libra se convierta en algo excesivo para los demás.

Libra es un signo que tiene muchas personalidades. Algunos tienen un lado extremadamente poderoso y manipulador, mientras que otros tienen una energía mucho más bondadosa. Los Libra son un signo muy comprometido y no les gusta romper sus promesas ni salirse de sus límites. Esto puede provocar a veces conflictos con otros signos porque no tienden a cambiar tan fácilmente como los demás.

Son amantes muy románticos y apasionados que suelen poner mucha pasión en todo lo que hacen. Son muy emocionales y les cuesta separar sus sentimientos del mundo que les rodea. Debido a esto, los Libra suelen ser reservados, pero una vez que descubren cómo superar esto, las cosas se vuelven más interesantes. Tienden a sentirse atraídos por quienes parecen seguros de sí mismos y extrovertidos. Los que carecen de esas cualidades no atraerán a Libra de ninguna manera.

Los niños Libra suelen ser muy emotivos desde muy pequeños. Quieren hacerse notar y ser amados por lo que son, lo que puede acabar siendo difícil para ellos si no reciben la atención que desean. Tienden a volverse dependientes de sus padres desde muy pronto, lo que puede hacerles difícil enfrentarse a la edad adulta. De adultos, pueden tener dificultades con sus emociones. Incluso pueden tener dificultades para separarse de las emociones de los demás.

Los Libra se esfuerzan por mantener ambos aspectos de sí mismos en equilibrio. No les gusta que un lado domine o se sobreponga al otro. Cuando esto ocurre, pueden encontrarse con que pierden el control de sus emociones y sienten que ya no están en el asiento del conductor. Esto puede hacer que sientan una ira y una frustración intensas. De ahí la importancia de que mantengan ambos lados bajo control.

En general, Libra es un individuo muy encantador y con mucho carisma. Son capaces de llamar la atención de casi cualquier persona con solo entrar en una habitación. Esto puede ser algo muy bueno para ellos cuando intentan conseguir algo, pero a veces se vuelve un poco abrumador. Tienden a ser muy sociables y les gusta rodearse de otras personas tan extrovertidas como ellos. Cuando se sienten solos, pueden encontrarse inquietos y desconcentrados. Este suele ser el momento en que Libra se siente más vulnerable y puede empezar a meterse en problemas.

Libra es capaz de detectar fácilmente si alguien tiene motivos ocultos. Mientras que otros signos pueden confiar en alguien simplemente porque su personalidad les toca la fibra sensible, a Libra no le gusta que le engañen de ninguna manera. Son muy precavidos y no permitirán que se aprovechen de ellos.

Cristales para los Libra

Turquesa: Para los Libra que necesitan un poco más de conexión a tierra, la Turquesa es la piedra perfecta para que conecten con ella. Les ayudará a ponerse en contacto con sus emociones y les devolverá a un lugar de equilibrio. Esto puede ser extremadamente útil para aquellos que caen en comportamientos destructivos. La turquesa les ayudará a comprender los sentimientos de los demás y lo que supone para otros estar en la misma situación que ellos. También puede ayudar a los que sufren problemas de autoestima. Les dará un pequeño empujón cuando sientan que no son lo suficientemente buenos o que no merecen nada mejor de lo que ya tienen.

Turmalina rosa: Para los Libra a los que les ha costado dejar atrás el pasado, la turmalina rosa es una piedra estupenda con la que pueden trabajar. Es muy buena para curar las heridas emocionales y puede ayudar a quienes sufren de depresión a sentirse más en paz. Tiene una energía tranquilizadora que ayuda a despejar viejos asuntos y a hacer aflorar nuevos pensamientos y emociones. Esto puede ser increíblemente útil para quienes se encuentran abrumados por el mundo que les rodea. Podrán encontrar un momento de paz con esta piedra en sus manos.

Ágata de fuego: Para los Libra que tienen dificultades para tomar decisiones, el Ágata de Fuego es la piedra perfecta para ellos. Les ayudará a ser decisivos y les permitirá establecer límites. También puede ayudarles a apartar sus sentimientos cuando llegue el momento de tomar una decisión. Para los que tienen dificultades para afrontar las situaciones de la vida, esta piedra puede ayudar a dar un giro a las cosas y darles algo de claridad sobre las elecciones que han hecho.

Pirita: Para un Libra que se está volviendo cada vez más paranoico con la gente que le rodea, la pirita puede ayudarle a ser menos receloso con su entorno y a confiar en las personas de su vida. Les ayuda a encontrar la paz interior y puede incluso llevarles a protegerse de las intenciones negativas de otras personas. Es perfecta para aquellos que son demasiado confiados con los demás y que tienden a salir perjudicados por ello. Les protegerá de su naturaleza excesivamente desconfiada y les ayudará a tener una visión más razonable de la vida.

Pirita.
https://commons.wikimedia.org/wiki/File:Pyrite_(18858891699).jpg

Acuario (20 enero-18 febrero)

Acuario está regido por el planeta Urano y simbolizado por el recipiente de agua. Los Acuario no solo son muy leales a sus amigos, sino también a sus causas. Suelen ser individuos extremadamente inteligentes con muchas opiniones sobre casi todos los temas de la vida. No les gusta que les digan lo que deben pensar o cómo deben sentirse. Esto a veces puede causar un poco de fricción entre ellos y otros signos porque son mucho más independientes de lo que suelen ser otros signos.

Los Acuario pueden ver los dos lados de una cuestión, lo que les hace muy buenos para encontrar soluciones a los problemas. También son capaces de captar conceptos e ideas que parecen completamente ajenos a los demás; simplemente tienen una forma de ver las cosas diferente a la de los demás. Esto puede hacer que los acuarianos parezcan un poco desconectados de la realidad, pero son algunos de los individuos más inteligentes que podrá conocer.

Los Acuario tienen un problema que puede impedirles desarrollar todo su potencial: la impaciencia. No les gusta que les digan que algo va a llevar cierto tiempo o que existe la posibilidad de fracasar en algo. Esto se debe a que Acuario tiene una visión extremadamente optimista de la vida. Creen que si algo puede imaginarse, entonces debería ser posible de conseguir. Esto puede hacer que se decepcionen fácilmente cuando las cosas no resultan como pensaban. Por ello, prefieren centrarse en los aspectos positivos de su vida más que en los negativos.

Los Acuario tienden a mostrarse como un individuo reservado al que le gusta mantener a la gente a distancia. Les gusta tener mucho espacio a su alrededor y les disgusta sentirse amontonados o atrapados. Ansían la aventura y la emoción para mantener viva su chispa. Por eso algunos eligen carreras en las que viajan por todo el mundo. Aunque suelen ser personas muy positivas con una gran visión de la vida, se vuelven extremadamente cínicos cuando pierden la fe en la humanidad.

Los Acuario son increíblemente leales y se comprometen con quienes les importan. Les gusta sentir que están causando un impacto en el mundo que les rodea y pondrán a los demás antes que a ellos mismos en todo momento. Los Acuario no creen que deban dar las cosas por sentado, por lo que dan todo lo que tienen para marcar la diferencia en la vida de los demás. Esta es una de las principales razones de su popularidad entre aquellos que los conocen bien.

Cristales para Acuario

Morganita: Es una piedra que ayudará a los Acuario a comprender sus propios sentimientos. Les permitirá encontrar un equilibrio emocional saludable, lo que les facilitará enormemente la toma de decisiones en su vida cotidiana. La morganita también tiene un gran impacto en la energía mental de un individuo y puede utilizarse para ayudar a levantar el ánimo de los que están muy deprimidos. Les permite ver más allá de sus propios problemas y del mundo que les rodea.

Halita rosa: Este cristal es una gran elección para los Acuario que tienen dificultades para manejar las emociones de los demás. Es muy buena para mantener los sentimientos bajo control y les ayudará a ser conscientes de cuándo se están involucrando demasiado en situaciones que no les conciernen. La halita es también una piedra que ayuda a curar las heridas emocionales y puede dar a los Acuario el apoyo que tanto necesitan cuando luchan con sus propios problemas vitales.

Rubí: Para los Acuario que sienten que no tienen derecho a sentirse enfadados, el Rubí es una gran elección. Serán capaces de manejar mejor sus propias emociones hacia las personas, lo que les ayudará a estar más en sintonía con lo que sienten y lo que están viviendo. Es una piedra tranquilizadora y será útil para aquellos que estén luchando con demasiado estrés en sus vidas. Les ayuda a relajarse y a tomarse las cosas día a día.

Cinabrio: El cinabrio es una piedra que puede ayudar a los Acuario a aprovechar su potencial. Es una piedra estupenda para quienes intentan hacer realidad sus sueños y puede darles la motivación que necesitan para llegar a la cima de la montaña. Esta piedra evitará que se rindan antes de haber empezado y puede ayudarles a mantenerse centrados en sus objetivos en la vida.

Géminis (21 de mayo-21 de junio)

Géminis está regido por el planeta Mercurio y simbolizado por los Gemelos. Los Géminis tienden a ser un signo extremadamente social al que le encanta mantener conversaciones intelectuales con quienes les rodean. Son individuos muy curiosos que siempre hacen preguntas sobre todo lo que oyen o ven. A menudo se distraen porque quieren más información sobre las cosas.

Los Géminis tienen una gran abundancia de rasgos de personalidad que hace que sea muy difícil para los demás llegar a conocerlos a nivel personal. Por eso, muy pocas personas pueden saber con qué tipo de Géminis están tratando. Pueden ser tan emocionales, ingeniosos y creativos como inteligentes. Esto puede llevar ciertamente a cierta confusión dentro de sus propias vidas.

Los Géminis tienden a tener una capacidad de atención corta y suelen perder el interés por las cosas cuando se aburren. Esto les lleva a menudo a tomar malas decisiones, lo que puede causarles mucha frustración. También son individuos muy impulsivos que tienden a tantear el terreno antes de dar el siguiente paso. Por ello, no siempre son capaces de ganarse la confianza de los demás a su alrededor. Los Géminis pueden entender todas las partes de una discusión, pero no siempre se toman el tiempo necesario para escuchar de verdad lo que dicen los demás. Por ello, a menudo se encuentran atrapados en discusiones con sus seres queridos.

Los Géminis son definitivamente un signo impresionable y les resultará increíblemente difícil tomar decisiones duras y rápidas. Es casi como si sus mentes estuvieran divididas en dos mitades, lo que les hace ser muy indecisos. Esto puede causar una gran frustración a los Géminis porque están muy ansiosos por tomar la decisión equivocada. Intentan eludir la toma de decisiones tan a menudo como sea posible.

Géminis es un signo muy juguetón al que le encanta coquetear con las personas que le interesan románticamente. Tienden a amar la diversión y a menudo dirán lo que sea necesario para poner a alguien de su interés de su lado. También tienden a tantear el terreno cuando se trata de acercarse a los demás, lo que puede llevarles a frustrarse cuando son rechazados. Lo mejor de los Géminis es que pueden ser completamente honestos y abiertos con su pareja. No tienen ningún problema en decir lo que sienten. No tienen miedo de decir a sus seres queridos EXACTAMENTE cómo se sienten y a menudo compartirán demasiados detalles de cómo se sienten con su posible pareja.

Los Géminis son un signo muy divertido que siempre querrá estar rodeado de otros. Incluso se encontrarán saltando a las relaciones sin pensar las cosas primero. Esto se debe a su necesidad de saber que el mundo que les rodea es seguro y que nadie les hará daño. También son individuos muy autosuficientes que disfrutan pasando el tiempo por su cuenta, lo que puede provocar problemas en las relaciones cuando se trata de sentir un sentimiento de unión.

Son un signo muy vivo y mantendrán las cosas divertidas y emocionantes todo el tiempo. A menudo se encontrarán disfrutando de lo que hacen sin siquiera darse cuenta. Estos individuos tienen un enorme deseo de poder marcar una diferencia inmediata en el mundo que les rodea y se pondrán en marcha de buena fe con la esperanza de que algo bueno salga de ello. Los Géminis pueden entender cómo se sienten los demás y saben exactamente qué decir o hacer para ayudarles a sentirse mejor.

Cristales para los Géminis

Apatita azul: Este cristal es una gran elección para los géminis a los que les cuesta mucho entender cómo se sienten los demás. Serán capaces de sentir cuando alguien está realmente molesto y podrán ayudarles a encontrar un lugar más tranquilo y pacífico en su mente. La apatita puede aumentar la confianza en aquellos que viven su vida con miedo. Es muy eficaz para reducir los sentimientos de estrés y ansiedad.

Iolita: Este cristal puede ayudar a los Géminis cuando experimentan una profunda confusión emocional. Es muy bueno para ayudarles a calmarse y a recuperar el equilibrio, lo que les permitirá seguir adelante con lo que les molesta emocionalmente. La iolita también es estupenda para ayudarles a ser más conscientes de lo que les afecta y les ayudará a comprender finalmente de dónde proceden sus sentimientos.

Cuarzo limón: Este cristal es estupendo para los Géminis, que tienden a dudar de sí mismos incluso cuando se acercan a algo que realmente les gusta. Puede ayudarles a reforzar su autoestima y a sentirse más seguros de sus capacidades. El cuarzo limón también es eficaz para ayudar a quienes se sienten fuera de control en sus vidas. Puede ayudarles a dar un paso atrás y ver el panorama general.

Jaspe leopardo: Este es un gran cristal para los Géminis, que tienden a lanzarse a hacer las cosas sin pensarlas primero. Este cristal les ayudará a ir más despacio y a reflexionar sobre sus decisiones antes de concretar nada. También podrá mantenerlos con los pies en la tierra y asegurarse de que pueden ver cómo sus elecciones afectan a su entorno.

Capítulo 10: Los cristales para los signos de fuego

Algunos dicen que los signos de fuego son líderes natos con una capacidad innata para llamar la atención con solo estar en una habitación. Otros dicen que los signos de fuego poseen una capacidad de liderazgo excepcional, pero que se encuentran en conflicto con los que quieren el poder por sí mismo. Todos coinciden en el poderoso magnetismo que desprenden y en la forma en que su presencia puede hacer que cualquiera se sienta como si flotara por encima de todo lo demás. Tienden a ser independientes y prefieren manejar los problemas y los retos por sí mismos.

Los signos de fuego poseen una profunda sensibilidad artística y creativa, que a menudo se manifiesta como un talento inusual para la música y la danza. Algunos han descrito una profunda conexión emocional con su arte y el mundo que les rodea. La lozanía de sus emociones es algo en lo que nadie puede resistirse a caer, y es también lo que les hace tan atractivos como amigos y amantes. Aunque podría decirse que los signos de fuego se van a los extremos tanto en el drama como en la pasión, siempre consiguen sacar lo mejor de sí mismos y de los demás.

Aunque los signos de fuego pueden ser grandes líderes, el verdadero poder en sus vidas reside en sus relaciones familiares. Siempre se encuentran haciendo de la familia una prioridad y viviendo por el bien de sus seres queridos. De hecho, los signos de fuego son tan buenos para mejorar la vida de sus seres queridos que a veces se olvidan de atender sus propias necesidades.

Todo el mundo debería probar lo que supone estar en el extremo receptor del amor y los cuidados de un signo de fuego. Sin embargo, esto viene con una advertencia. Una vez que un signo de fuego le elige como amigo o pareja, le protegerá y luchará por usted con la misma pasión con la que lucha por sí mismo. Esto significa que habrá consecuencias si les hace daño de alguna manera, por muy involuntaria que sea. Y esas consecuencias no se perdonan en absoluto. Los signos de fuego están representados por Sagitario, Leo y Aries.

Sagitario (22 de noviembre-21 de diciembre)

Sagitario, representado por el arquero, está dispuesto a derribar todo lo que se interponga en su camino para hacer lo que quiere. Pueden ser grandes líderes porque son capaces de defender lo que creen y de ver las cosas desde una perspectiva muy amplia, lo que puede ayudar a los demás a averiguar lo que es realmente importante a la hora de tomar una decisión. Los Sagitario son personas que disfrutan aprendiendo cosas nuevas y se asegurarán de tener todos los detalles antes de tomar cualquier decisión sobre sus vidas. Esto también les ayuda a evitar hacer juicios precipitados sobre las personas o las situaciones, aunque a veces son presa de ello.

Sagitario es un signo automotivado al que le cuesta mucho dejar que los demás le digan cómo hacer las cosas. Les gusta tomar las riendas cuando se trata de sus vidas, lo que a veces puede hacer que actúen fuera de lugar y se pasen de la raya. Los Sagitario pueden enredarse tanto en la toma de decisiones que empieza a interferir en sus relaciones personales. A menudo empezarán a hacer juicios rápidos sobre la gente y se centrarán en los aspectos negativos de otras personas. Les gusta tener la razón, lo que puede hacer que se enfaden y se enfaden mucho cuando se demuestre que están equivocados.

Son individuos de mente muy abierta que prosperan cuando tienen mucha libertad para tomar sus propias decisiones. Disfrutan de su vida cotidiana y siempre encontrarán algo que quieran hacer.

Nunca se conforman con lo mismo una y otra vez. Los Sagitario son personas a las que no les importa pasar tiempo a solas de vez en cuando y a menudo buscarán oportunidades para dedicar tiempo a la naturaleza. También disfrutan estando en casa con su familia, pudiendo ser completamente sinceros con ellos y discutiendo las cosas que les molestan. Esto puede ayudarles mucho a lidiar con sus emociones.

Los Sagitario son individuos muy apasionados cuando se enamoran. Están dispuestos a hacer lo que sea necesario para que su relación sea duradera. Son capaces de enamorarse de casi cualquier persona, lo que puede hacer que se metan en relaciones rápidamente y que a menudo les deje el corazón roto más adelante. Son muy buenos leyendo las emociones de los demás y serán capaces de darse cuenta de cuándo alguien está mintiendo o exagerando las cosas; esto puede hacer que sientan una gran angustia cuando no están de acuerdo con alguien que está involucrado en su vida. Esto puede causar problemas dentro de ciertas relaciones y hacer que los Sagitario actúen de forma exagerada. Son capaces de ponerse muy celosos cuando sienten que otra persona le quita a su pareja y a menudo intentarán que la otra persona también sienta celos.

Sagitario es una persona muy social y disfruta de la compañía de los demás. Siempre están buscando nuevos amigos con los que disfrutar de su tiempo y suelen tener muchos amigos con los que pasan el tiempo en cantidades desiguales. Son personas muy honestas que van a ser francas con sus amigos sobre cómo se sienten. No tienen miedo de decir lo que piensan y siempre estarán dispuestos a señalar cualquier defecto que vean en ellos mismos o en los demás.

Los Sagitario también son muy curiosos sobre todo lo que ocurre en la vida, lo que puede hacer que se enfrasquen tanto en un tema que se olviden de prestar atención al panorama general. A menudo se meten en situaciones que les sobrepasan, lo que les hace tener problemas para ver hacia dónde se dirigen y qué deben hacer a continuación. Les cuesta decidirse por las cosas debido a las muchas opciones disponibles. Esto puede llevarles a situaciones en las que de otro modo no habrían caído si hubieran tomado mejores decisiones.

Cristales para los Sagitario

Topacio amarillo: Este es un gran cristal para los Sagitario, que tienden a precipitarse en las cosas sin pensarlas primero. Este cristal les ayudará a ir más despacio y a pensar las cosas antes de que se salgan de control. También serán capaces de ver con más claridad los motivos de los demás y podrán detectar rápidamente cuando alguien no está tramando nada bueno.

Azurita: Esta es una gran piedra para los Sagitario, a quienes les cuesta deshacerse de sus emociones negativas. Les ayudará a procesar las cosas sin quedar atrapados en la emoción del momento. También es muy buena para ayudarles a salir de una relación que no les hace sentirse bien con ellos mismos.

Hematita: Esta es una de las mejores piedras para este individuo porque le va a ayudar a ver su entorno con mucha más claridad. Serán capaces de ver cuándo alguien está haciendo algo fuera de lugar y no los juzgarán por ello con tanta dureza. También serán capaces de reconocer cuando alguien se ha sentido herido o molesto por algo que han dicho o hecho. Si una situación no se maneja como debería, un Sagitario necesita hacer saber a los demás que es probable que haya un problema.

Leo (23 de julio-22 de agosto)

Lo primero que se nota al conocer a alguien de la comunidad Leo es que tiene una personalidad grande y ruidosa. Son personas muy sociables y extrovertidas a las que les gusta causar una buena impresión a los demás. Suelen ser individuos muy expresivos a los que les gusta demostrar a todo el mundo lo que sienten por ellos. Son líderes natos. Las personas que forman parte de su vida a menudo los buscan para que les guíen y saben que están ahí para ellos en cualquier momento.

Los Leo son personas que observan el mundo que les rodea y deciden lo que hay que mejorar. Les gusta asegurarse de que están mejorando el día de todo el mundo, lo que puede convertirlos en un gran líder. Pueden ser demasiado entusiastas con su trabajo y tienden a ir a por todas cuando lo hacen. Son de naturaleza muy social y les gusta pasarlo bien el fin de semana. Suelen salir y emborracharse para olvidarse de sus problemas.

Leo es un individuo muy inteligente y de alto poder adquisitivo que siempre busca la manera de mejorar su situación. Pueden ser muy competitivos y les encantaría demostrar a los demás que son mejores que ellos de un modo u otro. A menudo se compararán con los demás para sentirse superiores en algún aspecto de su vida.

Si alguna vez se encuentra con alguien que actúa de una manera en público y de otra en privado, es probable que tenga a Leo como signo solar. Pueden ser muy duros consigo mismos y tienden a caer en la trampa de intentar complacer a los demás. Necesitan aprender a ser más honestos consigo mismos y con lo que sienten sobre todo. Les resultará más fácil convertirse en las personas que quieren ser a largo plazo si trabajan en aceptarse a sí mismas por lo que son y no por lo que otra persona quiere que sean.

Leo tiende a ser muy honesto con todos los demás, excepto con ellos mismos, y no se guardará nada de lo que piensa. Son individuos que hablarán libremente de temas que a otras personas les resultan incómodos, por lo que mucha gente los admira por su honestidad en la comunicación. También notará que siempre tienen una visión muy alegre de la vida y les encanta ser el centro de atención.

Los Leo son líderes a los que les cuesta aceptar las críticas. Son muy duros consigo mismos y pueden dejar que las palabras de la gente les afecten. A menudo se tomarán lo que se ha dicho como un insulto o algo que no deberían haber hecho. Se dará cuenta de que Leo es alguien que intentará enfrentarse a cualquiera que le critique, lo que puede dificultar que avance y haga verdaderos cambios en su vida.

Son individuos muy expresivos a los que les encanta estar rodeados de gente y no les importa tener una personalidad ruidosa para llamar la atención de los demás. Se apasionan por lo que sea que hagan y hablarán con franqueza de sus sentimientos. Sin embargo, usted descubrirá que son bastante sensibles, lo que puede hacer que se vuelvan demasiado emocionales ante las situaciones. Todo esto está bien para alguien que tiene a Leo como signo solar, pero a los que no han nacido con este signo les cuesta un poco entender a este individuo. A pesar de todo, los Leo siempre se esforzarán por asegurarse de que están haciendo lo correcto, aportando la mayor energía positiva a su vida.

Cristales para los Leo

Peridoto: Este es un gran cristal para un Leo que tiende a enfrascarse en su trabajo y a olvidarse de disfrutar de la vida. Les ayudará a bajar el ritmo y a pasar más tiempo con las personas que quieren. También es estupendo para ayudarles a encontrar su centro y les ayudará a sentirse relajados y seguros de sí mismos.

Espinela roja: Este es un gran cristal para Leo, que puede ser demasiado sensible a las palabras de los demás. Descubrirán que pueden procesar las cosas mucho mejor cuando estén cerca de este cristal. Les ayudará a ver que otras personas solo intentan ser amables y que no hay nadie con mala voluntad hacia ellos.

Cuprita carmesí: Este es otro gran cristal para aquellos a los que les cuesta soltar la energía negativa o las críticas. Les ayudará a procesar las cosas mucho mejor y les ayudará a seguir adelante con las situaciones que no les hacen sentirse bien con ellos mismos.

Hierro Tigre: Este es un gran cristal para Leo, que no recibe la atención adecuada. No van a estar tan preocupados por las opiniones de la gente y descubrirán que pueden ir tras las cosas que quieren. También les resultará mucho más fácil manejar sus responsabilidades y no dejarán que los demás se interpongan en su camino.

Aries (20 de abril-21 de mayo)

Los Aries son emprendedores que tienen una personalidad única y extrovertida que atrae a otras personas por su energía y entusiasmo. Son muy espontáneos y les encanta arriesgarse, por lo que a menudo se les ocurren las mejores ideas para nuevos proyectos.

Pueden ser un poco descarados por naturaleza, con tendencia a decir lo que piensan sin preocuparse de cómo eso puede afectar a los demás. No les gusta guardarse sus opiniones sobre la gente y a menudo hablarán de lo que sienten por alguien incluso cuando están en público. También son muy competitivos. Si hay algo que quieren, no van a aceptar un no por respuesta.

Las personas de Aries son líderes naturales. Tienen mucha confianza en las cosas que dicen y hacen. Les gusta estar en una posición en la que la gente les busque como guía porque les hace sentirse bien con ellos mismos. Tienen personalidades muy expresivas y dirán fácilmente a la gente lo que tienen en mente. Su mayor defecto es que a veces pueden ser demasiado impulsivos, y esto a menudo los lleva a situaciones en las que no son conscientes de cómo sus acciones afectarán a los demás.

Son de naturaleza muy sensible y les cuesta mucho enfrentarse a las críticas de los demás. Pueden tomarse las cosas muy a pecho y a veces evitan las situaciones porque no quieren que les digan lo que están haciendo mal. Son muy ambiciosos y les gusta demostrar su valía a todos los que les rodean. Si alguna vez se encuentra con un Aries en apuros, normalmente lo sabrá. Tienden a expresar su voz interior con bastante facilidad.

Aries es una persona que quiere estar al mando de las cosas. No van a permitir que nadie tenga el control sobre ellos, cueste lo que cueste. Curiosamente, también pueden ser muy confiados con los demás y tenderán a confiar en la gente con demasiada facilidad. Esto puede hacer que se metan en algunas malas situaciones de las que no podrán salir hasta que aprendan que las cosas no suelen ser lo que parecen.

Definitivamente, Aries es una persona que cree en el trabajo duro y en el esfuerzo. Lo primero que debe saber sobre estos románticos es que son muy apasionados con sus seres queridos, lo que a veces puede meterlos en problemas. Harán cualquier cosa menos contenerse para demostrar su pasión. Aries busca a alguien que pueda ser un jugador de equipo. Querrán sentir que trabajan por un objetivo mutuo.

Son muy directos y honestos, algo que la mayoría de la gente anhela a nivel personal, por lo que no van a tomarse muy bien que usted sea deshonesto con ellos. Les gusta que las cosas que les rodean sean reales. Así que si no le interesa ir en serio con alguien, esta no es su persona.

Tienden a ser un poco inmaduros en sus acciones y a veces se meten en problemas. Esto puede ser difícil de superar para ellos, a menos que estén dispuestos a aprender de sus errores, lo que no es algo que les guste demasiado hacer. Muchas personas les dirán que tienen que madurar en un momento u otro de su vida y a menudo lo tomarán como un ataque directo a lo que son y a cómo se sienten con respecto al mundo que les rodea, aunque la mayor parte provenga de sus propias acciones. No están dispuestos a pasar por alto algo solo porque usted les diga que es una mala idea. Discutirán con usted hasta demostrar que tienen razón.

Si se encuentra con un hombre o una mujer nacidos bajo este signo, deberá darse cuenta de una cosa. Buscan a alguien tan seguro de sí mismo como ellos. También querrán a alguien que pueda soportar su deseo de aventura y emoción, así que no intente mantenerlos encerrados en su casa todo el día porque no acabará bien.

A los Aries les costará mucho superar una mala ruptura, ya que tienden a guardar rencor durante mucho tiempo. Esto puede hacer que se sientan muy solos durante algún tiempo porque no quieren involucrarse con la persona equivocada, que suele ser su mayor temor. Buscan a alguien que tenga las mismas cualidades que ellos y que pueda seguirles el ritmo durante sus aventuras.

En general, Aries es muy amistoso y a menudo se le encontrará hablando con los demás. Tienen una personalidad única que atrae a mucha gente por su calidez y honestidad. También se les da muy bien entablar relaciones con los demás, ya que tienen un auténtico deseo de que a la gente le vaya bien.

Cristales para los Aries

Vesuvianita: Descubrirá que esta es la piedra para Aries, ya que les aporta una sensación de calma en momentos de estrés. Es una piedra que puede utilizar para ayudar a devolver el equilibrio a su cuerpo y a su mente cuando sienta que todo en su vida se le escapa. Lleve esta piedra cuando necesite aliviar el estrés. Le proporcionará la serenidad que busca.

Zircón: Esta es una piedra que puede utilizar para ayudar a despejar la negatividad de su vida. Si se siente un poco deprimido y ha notado algunos cambios en su vida que no suponen una mejora, esta es la piedra para usted. Llevarla le aportará una sensación de positividad y equilibrio. Le dará una idea de lo que ocurre a su alrededor y le ayudará a volver a centrarse.

Esmeralda: Esta piedra verde le ayuda en la dura tarea de equilibrar las energías de otras personas a su alrededor. Esta es la piedra para usted si se encuentra rodeado de gente que solo piensa en sí misma. La energía despejará la zona y se asegurará de que todos estén en la misma página.

Zoisita: Esta piedra le aportará una sensación de relajación y equilibrio. Si tiene problemas para conciliar el sueño, esta es la indicada para usted. Le proporcionará un efecto calmante que le permitirá descansar para que pueda empezar el día sintiéndose rejuvenecido y listo para afrontar cualquier cosa que se le presente.

Capítulo 11: Los cristales para los signos de agua

Los signos de agua son el polo opuesto a los signos de fuego. Piense en ellos como los tranquilos, fríos y serenos a los que les gusta mantenerse al margen de los problemas siempre que sea posible. Prefieren tratar sus problemas en privado. Si necesitan ayuda, la pedirán, pero hacen un buen trabajo cuidando de sí mismos de forma independiente.

No disfrutan especialmente del protagonismo y no les gusta especialmente la idea de estar al mando o a la cabeza de algo. Son perfectamente felices sentándose al margen y dejando que otros se encarguen de todo. Esto puede llevarles a una vida de ensimismamiento, pero lo compensan siendo cariñosos y leales con sus amistades y parejas.

Saben escuchar muy bien y son excelentes consejeros. Suelen ser compasivos en su trato con los demás y pueden ser muy cariñosos y comprensivos, especialmente cuando se trata de sus seres queridos.

Aunque los signos de agua muestran muchas de las mismas características psicológicas que los signos de tierra, son fundamentalmente diferentes en el sentido de que hay más espacio para el yo interno dentro de su composición emocional. A diferencia de los signos de tierra, que tienden a mantener sus sentimientos embotellados en su interior, estos pueden expresarse con sinceridad. Los signos de agua se permiten sentir cualquier emoción que surja sin inhibiciones ni restricciones. Esta apertura parece darles una mejor comprensión de los sentimientos de los demás y una mayor capacidad para establecer relaciones significativas con los otros.

Son los psíquicos del zodiaco, de ahí su extraña capacidad para entender lo que ocurre con otras personas y en otras situaciones. Son misteriosos por naturaleza, y su carácter reservado y tranquilo no contribuye a disipar este misterio.

Son los más intuitivos de todos los signos y a menudo pueden intuir lo que ocurre en el corazón y la mente de los demás sin necesidad de que se lo digan. Tienen una forma única de ver el mundo y pueden ponerse fácilmente en el lugar de los demás porque son muy buenos imaginando cómo se sentirían ellos si estuvieran en las circunstancias de otra persona. Esto puede hacer que parezcan psicológicamente "en sintonía" con la gente y les hace muy eficaces a la hora de ayudar a los demás. Son sensibles al estado de ánimo de su entorno y responden adecuadamente a él. Son buenos para mantener el equilibrio en circunstancias estresantes, pero a veces pueden ser demasiado pasivos y abnegados y necesitan aprender a dejarse llevar más a menudo.

Aunque son amistosos por naturaleza, tienden a ser un poco tímidos, especialmente con los extraños. Aprenden muy pronto por experiencia que es mejor no abrirse demasiado ni revelar demasiado sobre sí mismos porque la gente solo utilizará esa información en su contra de una forma u otra. Los miembros de este grupo son Piscis, Escorpio y Cáncer.

Piscis (19 febrero-20 marzo)

Los Piscis son almas tiernas y sensibles a las que les gusta evitar los conflictos siempre que sea posible. Sus pensamientos suelen estar centrados en el pasado, lo que hace que sean personas emocionales. Son amables y considerados por naturaleza y les encanta cuidar de aquellos a los que se sienten cercanos.

Este signo es en general un soñador y ama la naturaleza, aunque esto puede dificultarles la finalización de sus tareas escolares, ya que pasarán mucho tiempo soñando despiertos y visualizando la vida que tienen por delante. Los Piscis pueden ser personas muy creativas que quieren que el mundo que les rodea sea perfecto. No les gusta nada que sea desordenado o que requiera mucha acción o trabajo físico.

Suelen ser conocidos por ser muy indecisos debido a su naturaleza sensible. Puede que les cueste tomar decisiones y que siempre estén pendientes de los puntos de vista de los demás. Los Piscis necesitan encontrar a alguien que los defienda y los impulse a salir al mundo. También necesitan encontrar a alguien que pueda ser sensible y comprensivo cuando se sienten heridos.

Cuando se trata de relaciones, los Piscis querrán a alguien que comprenda que estas cosas llevan su tiempo. Saben que son un poco dispersos a veces y querrán a alguien que esté ahí para recoger los pedazos cuando se desmoronen. Por lo general, no les gustan los conflictos ni las confrontaciones y tratarán de evitarlos a toda costa.

Una de las mejores cosas que usted puede hacer por este signo del zodiaco es ser directo con ellos. Piscis no responde bien a los rodeos, así que querrá ir directamente al grano cuando tenga algo que deba decir. Tienden a pasar por alto las cosas que están mal debido a su ingenuidad y pueden ser heridos por otros sin siquiera darse cuenta. Asegúrese de ser sincero con ellos, ya que necesitan orientación en sus vidas para crecer como personas.

Los Piscis serán una gran pareja romántica. Harán felizmente todo lo que puedan para complacer a la persona que aman y son muy buenos para mostrar sus sentimientos cuando están enamorados. Para ellos es importante que la otra persona sepa cómo se siente, así que no sea tímido a la hora de expresarle sus sentimientos. Piscis siente debilidad por los que son dulces y amables, por lo que le conviene buscar a alguien que pueda ser cariñoso y egoísta al mismo tiempo.

Son muy cariñosos y les encanta acurrucarse con sus seres queridos. Estarán dispuestos a poner todo lo que tienen en la relación, ya que no tienen muchos amigos en los que puedan confiar cuando les surjan problemas. Los Piscis no dejarán una relación fácilmente, por lo que usted deberá mantenerse a su lado cuando las cosas empiecen a ponerse un poco difíciles. Sin embargo, asegúrese de prestarles mucha atención positiva, ya que a los Piscis les gusta que la gente los quiera, y esto puede hacerles parecer pegajosos a veces. A este signo le gusta que le halaguen, así que si quiere destacar, deberá asegurarse de prodigarles atención y regalos.

Cristales para los Piscis

Cristal de Cuarzo Fantasma de Clorita: Descubrirá que este cristal está directamente conectado con el elemento agua. Le aportará la calma y la serenidad que busca. Si quiere sentir que todo lo que le rodea está bien, esta piedra puede proporcionárselo. Es una fuerza tranquilizadora que cualquiera puede notar cuando está cerca de ella. Le aportará la paz interior y la tranquilidad que la mayoría de los Piscis necesitan en sus vidas.

Larimar: Es un cristal que ayuda a abrir el chakra del corazón. Esta es la piedra para usted si siente que se ha cerrado al mundo. Le ayudará a aportar equilibrio a su vida y le permitirá ser más paciente y abierto con los que le rodean.

Piedra de cebra: Esta piedra es maravillosa para Piscis, ya que le ayuda a ponerse en contacto con su poder interior. Le dará la fuerza y la determinación que necesita para llevar a cabo sus sueños. Esta piedra es perfecta para las personas que tienen un fuerte deseo de ir tras algo, pero no saben cómo empezar. Les dará la energía y la fuerza que necesitan para hacer realidad esos sueños. Es un gran regalo para los Piscis de su vida.

Variscita: Esta es una piedra que puede utilizar para ayudar a elevar su conciencia. Si se encuentra atascado en una rutina, incapaz de avanzar e inseguro de lo que ocurre a su alrededor, esta es la indicada para usted. Le dará la visión que necesita para salir de la situación. Le ayudará a sacar su luz interior, para que pueda ver lo que realmente ocurre en su vida.

Escorpio (23 de octubre-21 de noviembre)

Escorpio es un signo intenso y apasionado que hará casi cualquier cosa para conseguir sus objetivos. Pueden ser un poco impulsivos y de mal genio, pero así es como le gustan las cosas a este signo. Son personas sensuales y cariñosas que harán lo que sea necesario para conseguir lo que quieren.

Su mayor problema es que tienden a dejarse llevar por las cosas materialistas de la vida, lo que puede hacerles parecer superficiales.

No lo son. Disfrutan de las cosas más finas que nadie, pero definitivamente no es su objetivo principal. Prefieren gastar su dinero en cosas que les ayuden a vivir mejor y a crear recuerdos duraderos.

Los Escorpio son conocidos por ser bastante agresivos con lo que hacen. No les gusta esperar a que las cosas sucedan; quieren hacerlas realidad ya. Esto puede causar algunos problemas con los que les rodean, pero si quiere resultados, debe darles espacio para que hagan lo suyo. Los Escorpio son apasionados en todo lo que hacen y harán lo que sea necesario para conseguir lo que necesitan cuando lo necesitan.

Una de las cosas más importantes en las que los Escorpio deben trabajar es en sus problemas de confianza. Tienden a ponerse celosos de sus allegados y quieren asegurarse de que nadie intente meterse en su territorio. Incluso pueden establecer reglas y límites para este fin, pero esto puede causar problemas en sus relaciones, ya que pueden parecer demasiado controladores. Este signo necesita aprender a confiar en los demás, especialmente en aquellos a los que más quiere y le importan.

Los Escorpio quieren a alguien que les desafíe, así como que les acepte por lo que son. Querrán a alguien que sea cariñoso y atento, con una personalidad que sepa defender sus intereses. A este signo le gusta estar rodeado de personas que puedan mantenerse firmes. No les gusta andar sobre cáscaras de huevo alrededor de su pareja.

Una de las cosas más importantes que puede hacer por este signo es *ser sincero con ellos en todo momento*. No tendrán ningún problema en decir a los demás lo que piensan y cómo se sienten y quieren lo mismo a cambio. A Escorpio no le gusta estar rodeado de gente falsa o llena de mentiras, así que si quiere formar parte de su vida, tendrá que ponerlo todo sobre la mesa.

Este signo es muy apasionado. Son seguros de sí mismos y directos en sus sentimientos, algo que sin duda querrán presentarle a su amante. Escorpio es un signo muy sexual que desea poder experimentar todas las partes maravillosas de la vida, incluyendo tener una pareja amorosa. Necesitan que sus amantes sean fuertes y proactivos. No les gustan las personas débiles o que sean demasiado pasivas en sus acciones. Necesitan poder confiar en que su pareja no se irá a ninguna parte y que jamás será una amenaza para ellos.

Cristales para los Escorpio

Zoisita roja: Esta rara piedra se creó cuando la roca fundida se enfrió en el interior de un volcán extinto en Tanzania. Se dice que tiene poderes curativos místicos. Le ayudará a concentrarse más y a poner su mente en acción. Podrá lograr cualquier cosa que se proponga utilizando esta piedra.

Lágrimas de apache: Esta piedra puede ayudarle a sacar la energía negativa y el resentimiento que ha llevado dentro de usted durante años. Le ayudará a limpiar viejas heridas y le permitirá soltar emociones dañinas como la ira. Tendrá más paz en su vida como resultado del uso de este cristal.

Ágata de encaje azul: Esta piedra puede hacer aflorar sus miedos, permitiéndole así afrontarlos y sanarlos de una vez por todas. Cuando pueda enfrentarse a los problemas que le impiden avanzar, esta es una piedra que debe utilizar. Le ayudará a liberar sus miedos a la hora de tomar decisiones o de ir tras lo que quiere en la vida.

Rodonita: Esta piedra le ayudará a conectarse a tierra, a estabilizar su vida y a mantener las cosas en la dirección correcta. Si siente que nada va bien, esta piedra puede utilizarse para ayudarle a encontrar el camino de vuelta a la seguridad y la comodidad. Es una buena piedra tranquilizadora que puede utilizarse cuando el estrés parece imposible de superar.

Cáncer (22 de junio-22 de julio)

Cáncer es un signo muy emocional y sensible que puede ser propenso a los cambios de humor. Pueden ponerse a la defensiva cuando se sienten atacados o criticados de alguna manera. Cuando se sienten deprimidos, tienden a volcarse en su trabajo y a centrarse en construir algo propio.

Cáncer es un signo muy afectuoso y cariñoso que quiere sentirse necesario en la vida de los demás. Quieren formar parte de algo más grande que ellos mismos y hacer que los demás sientan que son valiosos, algo que no consiguieron cuando eran más jóvenes. Son supervivientes que harán lo que sea necesario para garantizar que su familia y sus seres queridos estén siempre atendidos. Esto puede hacer que se conviertan en mártires en ocasiones y que se presionen demasiado para abastecer a los demás. Esto solo es un problema cuando tratan con personas que no aprecian sus acciones, dándolas por sentadas.

Les gusta estar en relaciones llenas de romance y pasión. Les ayuda a conseguir la atención que necesitan para sentirse vivos y queridos. Les gusta sentirse seguros y protegidos con la persona con la que están y quieren que esa persona les ofrezca apoyo durante sus momentos bajos.

Tienden a ser muy indecisos en sus vidas, especialmente cuando se trata de tomar decisiones importantes sobre su vida personal. A menudo suelen dudar de sí mismos y acaban alejando a sus seres queridos. Quieren a alguien que les ayude a ver cuándo están siendo tontos o indecisos en una situación, pero esto también puede ser difícil para su pareja.

Los Cáncer necesitan aprender a manejar sus emociones, especialmente cuando se trata de manejar su ira. Tienden a aferrarse a las cosas que les frustran antes de explotar y arremeter contra los demás en el proceso. Esto no es saludable para ninguno de los implicados, así que como Cáncer, tendrá que trabajar para mostrar sus emociones y defenderse sin ser agresivo.

Este signo necesita aprender a hablar de sus sentimientos y ser capaz de escuchar cuando los demás también comparten sus ideas. Querrán a alguien que les ayude a expresar sus puntos de vista y opiniones sin sentirse juzgados. También quieren saber que se les ve y se les quiere por lo que son cuando se trata de las personas más importantes de su vida.

Este signo es un enamorado de corazón, así que si quiere algo sorprendente, es un signo al que debe ir a buscar. Tendrá que ser capaz de soltar sus miedos, así como de tomar algunas decisiones difíciles para que este signo sea feliz con usted. No tendrán ningún problema en hacerle saber lo mucho que le quieren y lo que significa para ellos. Solo asegúrese de demostrarles lo mismo.

Son personas muy emocionales que a menudo se pierden en sus propios pensamientos, por lo que necesitan poder abrir sus sentimientos y compartirlos con su pareja. Necesitan a alguien lo suficientemente fuerte como para escucharles cuando quieran hablar de cualquier tema apasionante y que pueda mostrarles el mismo entusiasmo que aportan ellos.

Suelen ser perfeccionistas cuando se trata de su trabajo. Tienden a presionarse mucho para conseguir los mejores resultados posibles que puedan encontrar. Tienden a sentirse estresados por la presión que se imponen a sí mismos y a su pareja. Es necesario ayudarles a relajarse y a descansar bien al final del día. Les encanta poder trabajar en sus proyectos desde casa y querrán que usted esté presente cuando trabajen en sus propias cosas. Puede animarles a emprender nuevos proyectos y a encontrar su propia manera de expresar su forma de pensar única.

La paciencia será lo más importante que deberá tener cuando trate con su Cáncer. Tendrán tendencia a pasar mucho tiempo pensando en algo antes de tomar una decisión, lo que puede ayudarles a lidiar con su indecisión, pero si alguien les presiona demasiado, entonces se meterán en su caparazón y simplemente serán incapaces de afrontar ciertas situaciones.

Si quiere demostrar a su Cáncer que va en serio lo de pasar el resto de su vida juntos, tiene que asociarse con ellos tanto como amigos como amantes. Dedique tiempo a conocerlos y no los presione para que hagan algo con lo que no se sientan cómodos. Escuche cuando tengan algo importante que decir o tengan una idea. Esto le ayudará a averiguar cómo les gusta resolver las cosas que les frustran y les dará la paciencia que necesitan a la hora de tomar una decisión. Trabaje con las emociones de ellos para que se sientan seguros en su presencia, queridos y realmente apreciados.

Cristales para el cáncer

Perla: Esta piedra simboliza la crianza y la maternidad. Le ayudará a proporcionarle curación, paz interior, belleza y felicidad. También es una piedra que ayuda a construir fuertes valores familiares, por lo que es importante para las personas que quieren fortalecer sus familias. La energía de esta piedra fomenta la sabiduría y la paciencia en quienes la utilizan.

Cuarzo de luna: Esta piedra le ayudará a conectar con la energía femenina y a aportar equilibrio a su vida. Trabajar con esta piedra le hará sentirse más conectado con el mundo que le rodea. También le ayudará con su felicidad personal y le ayudará a estar más centrado. Esta piedra puede ser utilizada por aquellos que no solo quieren mejorar su apariencia, sino también aumentar su autoestima física. Utilícela por su fuerza y poderes curativos o por su energía femenina y su conexión con la Madre Tierra.

Serpentina: Esta piedra es poderosa y proviene de la propia Madre Tierra. Es una de las piedras más antiguas conocidas por el hombre y le ayudará a abrirse al mundo que le rodea y a conectar más estrechamente con la naturaleza. Esta piedra le ayudará a canalizar sus sentimientos internos y a mejorar su conexión con todas las cosas del universo. Es una buena piedra también para quienes se interesan por la curación metafísica.

Orgonita: Esta piedra le ayudará a aprovechar su propia energía y a utilizarla para conectar con el universo de forma positiva. Esta piedra puede utilizarse con fines curativos, así como para mejorar el flujo de energía en su vida. También puede utilizarse para la protección de su hogar, negocio o espacio personal.

Tercera parte: Uso de las rejillas de cristales

Capítulo 12: Comprender las rejillas de cristales

Una rejilla de cristal es una disposición organizada de cristales o piedras colocados en algún tipo de diseño para crear un espacio de sanación único y enfocado. La mayoría de las rejillas de cristales se crean con un propósito específico, como eliminar la energía negativa, atraer la abundancia o hacer que una zona sea más segura. Las piedras y los cristales utilizados en estas rejillas pueden variar mucho en función del tipo de energía que desee infundir a su espacio.

Las rejillas de cristales trabajan con las propiedades naturales de los cristales y las formas para crear espacios de sanación. El poder creado a partir de la rejilla puede ayudar a encontrar un verdadero sentido de propósito cuando se añade a sus prácticas espirituales o de bienestar. Las rejillas de cristales no son solo para la curación espiritual. También son un ejercicio de geometría. Normalmente, cuando se piensa en los cristales, lo que viene a la mente es la energía y las propiedades, pero la geometría de un cristal forma su estructura y, a su vez, da forma a su energía natural. Un patrón de geometría sagrada es una forma de organizar los objetos basada en las propiedades inherentes a las formas y figuras geométricas. Las rejillas de cristales llevan esta idea un paso más allá al utilizar cristales con propiedades curativas específicas para crear una variedad de patrones de rejilla diferentes. Para entender las rejillas de cristales, es importante conocer el significado de la geometría sagrada y lo que estos patrones significan para la rejilla.

¿Qué es la geometría sagrada?

La Geometría Sagrada, también conocida como la proporción divina, es una forma de geometría que trabaja con las propiedades de la naturaleza y las entidades divinas. Puede verse en todo el arte y la arquitectura de las culturas antiguas, desde la Gran Pirámide de Guiza en Egipto hasta las catedrales medievales. Las formas geométricas también pueden encontrarse en objetos naturales como los cristales y las flores. La idea que subyace a la geometría sagrada es que estas figuras geométricas son más que simples formas; representan ideas, patrones y números. Su relación tiene un significado cósmico porque se dice que reflejan las acciones de los poderes divinos que actúan en la naturaleza. Se utilizan para representar ideas religiosas y verdades espirituales a través de ecuaciones matemáticas que se encuentran en la naturaleza y que se incorporan a las formas. La geometría sagrada se utiliza en las rejillas de cristal porque cada forma geométrica representa un tipo de energía diferente. Cuando se colocan juntas, estas formas crean una energía única que combina los poderes de cada piedra o cristal individual, creando una energía mayor de la que se podría haber imaginado por sí sola.

El poder de la geometría

Las figuras geométricas se han utilizado en el arte y el diseño desde que el ser humano puede registrar su historia. Los significados detrás de las figuras geométricas pueden variar mucho según la cultura de la que procedan, pero hay ciertos conceptos universales que la mayoría de las culturas comparten. La figura geométrica más común que se puede encontrar en los espacios sagrados es el triángulo. Otras figuras son los cuadrados, los círculos, las cruces y las espirales. Cada una de estas formas representa un significado diferente, según la cultura, la época y la forma en que se utilicen. Los triángulos se consideran una forma femenina en el arte. Los antiguos egipcios creían que los triángulos representaban el espíritu o el aliento de vida que se movía a través de sus faraones y reinas. En los tiempos modernos, los triángulos también representan el poder y la verdad porque cuando se conectan, forman una pirámide, que a menudo se utiliza como símbolo de la fuerza divina.

Otra forma familiar que se encuentra en los espacios sagrados: el círculo. Esta figura representa la totalidad o la unidad entre personas o ideas. También puede representar el sol o la luna, ya que ambos cuerpos celestes son redondos. Los círculos se utilizan a menudo como símbolo de protección, guía o curación.

La cruz es otra figura típica que se puede ver en los espacios sagrados y se suele representar con símbolos de luz por la noche, como la cruz de los árboles de Navidad o los edificios iluminados por la noche. La cruz se ha utilizado incluso como símbolo tanto de la salvación como de la muerte. Algunas personas también asocian las cruces con la humanidad y su conexión con lo divino.

La geometría sagrada en la naturaleza

La geometría se encuentra en casi todas las formas naturales, como las flores, los cristales y los árboles. Las plantas, por ejemplo, crecen de forma natural en un patrón circular. Esta geometría les ayuda a recoger y dirigir la luz del sol para que llegue a sus sistemas de raíces más profundos. Este círculo se denomina proporción áurea, o phi (1,618) porque se encuentra de forma natural y puede recrearse mediante complejos cálculos. La proporción áurea también se encuentra en los huracanes, las piñas de pino, las galaxias en espiral e incluso los insectos. Los cristales son otro ejemplo de geometría sagrada que se da de forma natural. Cuando se corta un cristal, la forma en que se rompe se basa en cálculos matemáticos que observan cómo los cristales reflejan la luz y cómo su corte interactúa con las caras circundantes. La proporción áurea afecta de forma significativa a materiales como el cristal y la piedra, por lo que muchos tienen un aspecto estupendo cuando se disponen en patrones basados en la forma. El propio cuerpo humano también se basa en formas geométricas. Cada uno de nuestros dedos de las manos y de los pies se curva siguiendo estas formas, y esta geometría se encuentra en todos los órganos, músculos, huesos y nervios del cuerpo.

Geometría Sagrada y Filosofía

La geometría se ha utilizado para medir y estudiar el universo desde la antigüedad. De hecho, muchas de las primeras civilizaciones comenzaron como culturas basadas en las matemáticas. La geometría era una forma de estudiar el universo porque tenía una conexión natural con lo divino. La geometría se utiliza en los espacios sagrados porque sirve para entender cómo conectar mejor con lo divino y armonizar con sus acciones. Platón, por ejemplo, creía que el universo había sido creado a partir de una única forma geométrica llamada el cubo perfecto. Creía que el cubo perfecto era el molde en el que se fundían todos los demás objetos y se utilizaba como plantilla a través de la cual se formaba la realidad física. Esta idea proviene probablemente de las antiguas creencias egipcias de que el universo fue creado a partir de una única forma geométrica llamada el Gran Cristal. Incluso se dice que el Gran Cristal es una representación directa de la conciencia humana.

Los descubrimientos del matemático Johannes Kepler también apoyan la idea de que la geometría desempeña un papel en las características del universo. Sin embargo, en lugar de aplicar la geometría para explicar la conciencia humana o la estructura de las galaxias, Kepler fue un paso más allá y aplicó los cálculos geométricos a una relación entre el movimiento planetario y las proporciones. Kepler descubrió que el movimiento de rotación de la Tierra está vinculado matemáticamente a los movimientos dentro de una misma estrella, según un artículo publicado en 2009 por BBC Science. Esto significa que los planetas se aceleran en determinados patrones basados en ciertas proporciones matemáticas. Dado que las leyes actuales de la física no pueden explicar estas proporciones, sugieren que algo las ha creado desde la propia naturaleza del espacio. Estas formas se han encontrado incluso en las pinturas de artistas históricos como Leonardo da Vinci, cuyo trabajo se ha comparado recientemente con el de espiritualistas cósmicos como Pitágoras y Kepler.

Muchas personas creen que la ciencia moderna ha separado a los humanos de lo divino, por lo que la geometría sagrada se utiliza a menudo en los espacios sagrados para reconectar. La geometría sagrada se utiliza en las rejillas de cristales y en el arte de los mandalas para ayudar a recuperar la conexión humana con lo divino. Por eso también se utiliza a veces la geometría sagrada en la meditación. La creencia que subyace a este proceso es que si uno puede entrar en sintonía con las formas geométricas que le rodean, puede llegar a estar más en sintonía con lo divino y comprender mejor el lugar de la humanidad dentro de la naturaleza. La geometría sagrada para la meditación puede ser muy útil para quienes intentan sentirse más cerca de su deidad o de su propio lado espiritual.

Las rejillas de cristales se utilizan a menudo para crear un espacio sagrado dentro de una habitación, una casa o un patio. Se elaboran comprendiendo las propiedades de las formas geométricas y colocando después los cristales en lugares específicos para que el campo energético de los cristales pueda amplificarse mutuamente. La geometría sagrada desempeña un papel importante en las rejillas de cristales porque organiza dónde deben colocarse los cristales. Por lo tanto, determina cómo fluye la energía a través de la rejilla y lo poderosa que será para influir en su entorno.

Formas comunes de la geometría sagrada para las rejillas de cristales

Las rejillas de cristales están compuestas por formas geométricas y son más eficaces cuando se organizan adecuadamente en función de las formas que contienen. Las siguientes formas son las más utilizadas en las rejillas de cristales:

La semilla de la vida

La semilla de la vida es posiblemente la forma más importante para las rejillas de cristales porque es un símbolo de la creación. Está formada por siete círculos inscritos dentro de un círculo mayor. Los siete círculos representan los siete días de la creación y el círculo mayor representa la naturaleza eterna del tiempo y el espacio. La semilla de la vida es un símbolo del universo y de todas las cosas que hay en él y suele encontrarse en el centro de los patrones de geometría sagrada. Cuando se utiliza en una rejilla de cristal, esta forma ayuda a que una persona entre en contacto más estrecho con su deidad o poder superior. También puede ayudarles a atraer la energía positiva y el poder del universo y utilizarlo para purificar su alma.

La Vesica Piscis

La Vesica Piscis es la forma compuesta por dos círculos superpuestos que crean un espacio ovalado entre ellos. Se trata de una forma muy importante porque representa la unión de dos personas en armonía y la unificación de las características masculinas y femeninas en la naturaleza. En la geometría sagrada, esta forma representa la totalidad y la pureza. La parte central de la forma (el óvalo) se ha asociado con el vientre de Dios, mientras que los dos círculos representan el pene de Dios. Juntos, representan la unión divina. Esta forma puede encontrarse en muchos lugares del espacio y a menudo se encuentra rodeando la semilla de la vida. Se utiliza con frecuencia en las rejillas de cristales porque mantiene la energía fuera de dos áreas mientras siguen conectadas entre sí.

La flor de la vida

La flor de la vida también está formada por círculos, pero están organizados de forma diferente en cada lado. Cada lado tiene ocho círculos pequeños y uno más grande en el centro. Los ocho círculos pequeños se han subdividido en más círculos que se dividen uniformemente. El círculo más grande del centro representa la unidad, mientras que cada círculo más pequeño dividido en cuatro partes separadas representa la capacidad de la naturaleza de transformar la materia en energía a lo largo del tiempo mediante un proceso llamado ley de los ciclos. Cuando se utiliza en una rejilla de cristal, la flor de la vida ayuda a la persona que la utiliza a ser más uno con la naturaleza y su propia divinidad. A menudo se utiliza con otras formas geométricas porque es un símbolo de la creación y se ha comparado con la "teoría de las supercuerdas" de la física, que sostiene que toda la materia está formada por energía vibrante. Estas teorías permiten comprender cómo se forman los diferentes elementos y átomos en el universo y por qué existen de la forma en que lo hacen.

La estrella de Ishtar

Esta forma se compone de 12 triángulos igualmente proporcionados. Según el mito antiguo, Ishtar era la diosa del amor y de la guerra, de la que se decía que había creado el orden social a través de la guerra. La estrella de Ishtar representa el orden, la fuerza y la constancia, así como la energía divina contenida en el propio universo. Puede ayudarle a abrirse a sus verdaderos sentimientos sobre algo o alguien y animarle a superar los obstáculos como forma de aprender más sobre sí mismo a través de sus experiencias de vida. Esta forma puede encontrarse en muchos espacios sagrados, como monumentos y edificios del mundo antiguo, así como en la propia Biblia hebrea.

El tetraedro

El tetraedro es una forma tridimensional que representa el triángulo, el cuadrado y el pentágono. Se cree que es uno de los símbolos geométricos más antiguos y se dice que se encontró en ruinas romanas. Al igual que hay tres lados de un triángulo y cuatro de un cuadrado, también hay tres lados de esta forma y cuatro de un pentágono, que se conectan entre sí. Estas figuras también representan la fuerza espiritual, así como los ciclos eternos (o el tiempo). Esta forma puede utilizarse en la meditación para ayudarle a entenderse más a sí mismo y a su lugar dentro del universo.

El cubo de Metatrón

El Cubo de Metatrón es una forma geométrica creada mediante un cuadrado, un pentágono y un hexagrama. Contiene seis puntos, cada uno de los cuales representa un elemento de la naturaleza humana: la cabeza (fuego), el corazón (agua), el estómago (tierra), el vientre (aire) y los huesos y la médula (cielo) de la humanidad.

El cubo de Metatrón.
https://pixabay.com/cs/photos/metatronov%C3%A1-kostka-geometrick%C3%BD-6096685/

El cubo afecta a todos estos elementos para ayudarle a armonizarse más en su interior. También le ayuda a estar más en sintonía con la energía del universo, facilitando el reconocimiento y la conexión con sus propios sentimientos.

La Lemniscata

Esta forma tiene dos bucles que se cruzan en un solo punto que está dentro de una forma ovalada. A menudo se le llama "el símbolo del infinito" porque representa el cambio eterno, combinando diferentes fuerzas juntas de manera que les permite transformarse en algo nuevo. Esta forma tiene muchos componentes simbólicos, como la intención, la comunicación, la unidad y la verdad, lo que puede ayudar a quien la utilice a comprender mejor sus propios sentimientos. También se dice que representa la naturaleza del amor en el sentido de que no tiene principio ni fin.

El Hexagrama

El hexagrama es una estrella de David dibujada en 3 dimensiones. Hay dos triángulos que se cruzan, uno pequeño y otro grande. La intersección de estos triángulos representa un círculo grande que contiene círculos más pequeños con seis puntos. Estos círculos más pequeños representan los seis lugares del universo en los que el cielo y la tierra entran en contacto y se llaman los "Lugares de Dios". El hexagrama también se conoce como "el sello de Salomón" y representa el orden divino y la verdad espiritual. Esta forma puede utilizarse para ayudarle a comprender mejor la naturaleza espiritual de la humanidad y su comparación con las leyes físicas que rigen el universo.

El cuadrado

Esta forma se utiliza a menudo en la meditación para ayudarle a estar más conectado a tierra en su interior porque representa los cuatro elementos de la persona: tierra, agua, fuego y aire. Le ayuda a ver su propio lugar dentro de la creación y la naturaleza de sus emociones. El cuadrado también tiene su propia estructura geométrica, que crea un equilibrio entre sus cuatro lados. Esto puede ser útil cuando se trata de meditar sobre los sentidos, ya que el cuadrado se utiliza de muchas maneras para que la gente sea consciente de su entorno y de cómo funciona a nivel físico. Muchos espacios sagrados suelen estar contenidos en cuadrados para que puedan rodear a los individuos de paz y protección mientras comulgan con la energía de la naturaleza.

El triskelion

La forma de triskelion está formada por tres espirales que se unen en un punto. La espiral central representa el ciclo de la vida, y las dos espirales más pequeñas representan los ciclos de la muerte y el renacimiento. Estos ciclos forman parte del mismo proceso que asegura que la naturaleza siga existiendo. Esta forma puede utilizarse en la meditación para ayudarle a equilibrar sus emociones mientras se esfuerza por encontrar nuevas formas de mejorar su vida. También se dice que es utilizada por los chamanes durante los rituales y las ceremonias espirituales como una forma de obtener una visión del pasado, el presente y el futuro.

El teseracto

Un teseracto es un objeto de cuatro dimensiones formado por ocho cubos que están conectados en su centro. Forma parte de lo que se conoce como la teoría de los hipercubos, que establece que se pueden ver cuatro dimensiones en la superficie de cada cubo. Como resultado, se puede mirar a cualquier punto del teseracto y obtener una vista de 360 grados de todo lo que hay alrededor. La geometría sagrada suele utilizar formas cúbicas en sus diseños porque representan la fuerza física, la estabilidad, la debilidad y la inmadurez. Esta forma se utiliza a menudo en las rejillas de cristales porque permite potenciar la estabilidad de su campo energético y el de otras personas y objetos en su espacio.

La espiral

Esta forma es un símbolo del infinito y una herramienta que muchas personas utilizan para meditar. La espiral se representa a menudo como si no tuviera principio ni fin, lo que puede ayudar a los cristalógrafos a visualizar el centro de su propia existencia. La espiral es uno de los símbolos más antiguos del mundo porque se ha encontrado en textos y artefactos antiguos desde mucho antes de que existieran registros históricos escritos. Las espirales representan la vida misma, o el ciclo a través del cual todas las cosas se mueven hacia su finalización. Esta forma se utiliza a menudo en las rejillas de cristal para ayudarle a ver su propia vida como parte de un flujo de energía universal, simbolizando su unidad con todo lo que existe en ella.

El Círculo

Un círculo es un tipo de forma que es a la vez una forma geométrica simple y un símbolo del centro de la vida. Aunque parece un simple círculo, contiene muchos puntos y formas, como triángulos, cuadrados, pentágonos y otras formas geométricas. El círculo representa la protección, lo que lo convierte en un símbolo popular en los espacios sagrados para expresar la importancia de proteger la naturaleza y el medio ambiente de cualquier daño. El círculo es también un símbolo de unidad porque puede utilizarse para conectar a las personas entre sí y con el centro de su propia existencia.

El resplandor del sol

El resplandor del sol es una forma utilizada para representar el centro de su propia existencia. Mucha gente lo utiliza en las rejillas de cristales porque representa la fuente de la vida, la conexión entre todo lo que hay en el universo y un recordatorio de que no está solo en su viaje por la vida. El corazón y el centro representan su poder y fuerza personales, mientras que los rayos son símbolos de su capacidad para crear una vida rica en amor y compasión. El resplandor del sol puede utilizarse para ayudarle a comprender cómo fluye la energía a través de su propio cuerpo y en toda la creación, lo que constituye un conocimiento útil para cualquiera que utilice los cristales para la curación personal.

Tanto si decide meditar, rezar o realizar cualquier otra actividad espiritual de acuerdo con las enseñanzas de la geometría sagrada como si no, es importante recordar que los conceptos de la geometría sagrada no son solo una moda que comenzó con los movimientos espirituales populares de hoy en día. La historia de la geometría sagrada se remonta a la antigüedad y muchas culturas la han utilizado a lo largo de la historia para abordar cuestiones relacionadas con la espiritualidad. Puede considerarse una sugerencia para afrontar la vida cotidiana, tanto si se trata de utilizarla para tareas básicas como el equilibrio de las hormonas y la salud física en general como si se centra más en los aspectos metafísicos de la vida. La geometría sagrada es un gran complemento para cualquier práctica espiritual por su capacidad para cambiar sus actitudes internas y su perspectiva mental sobre sus propias experiencias. Una vez que esté más en sintonía con su propia mente, su vida se abrirá a nuevas posibilidades. Probar algunas de estas formas y símbolos puede ser divertido para conocer diferentes técnicas y conceptos relacionados con el mundo geométrico, así que siéntase libre de experimentar.

Capítulo 13: Las rejillas de cristales y las estrellas

¿Alguna vez ha observado el cielo por la noche y se ha preguntado cómo se colocan los diferentes patrones de estrellas en el cielo? La premisa es bastante fascinante, pero en un sentido muy abstracto. Sin embargo, si profundiza, puede descubrir algunas pistas sobre por qué los patrones estelares se comportan como lo hacen. Desde una perspectiva científica, existe una correlación entre las rejillas de cristales y las constelaciones del cielo nocturno. Se sabe desde hace milenios que algunos de estos mismos patrones pueden verse en los cristales naturales. Sin embargo, esta conexión no es tan fácil de establecer y suele descartarse como una coincidencia. En los últimos años, algunos han descubierto información que demuestra que estos patrones son extremadamente eficaces para la curación y pueden utilizarse para mejorar nuestras experiencias con los cristales durante la meditación y otras prácticas relajantes o curativas. En este capítulo, aprenderá a crear su propio mundo de rejillas de cristales que se basan en el mapa estelar o rejilla del cielo nocturno. Puede utilizar estas rejillas para la meditación y otras prácticas de sanación con cristales, así como para visualizaciones y sesiones creativas.

Rejillas de cristales y constelaciones

En el cielo, varios patrones de estrellas están alineados en una rejilla o constelación. La idea detrás de estas rejillas es sencilla. Cada planeta tiene estrellas que están relacionadas con su ubicación en la galaxia y su movimiento dentro de ella. Por ello, se puede utilizar lo que se aprende sobre cada planeta en relación con los demás -junto con la forma en que ascienden, descienden y se mueven a través de su propio signo zodiacal- para ayudar a crear un mapa mental completo de energías que funcione bien con una variedad de cristales y rejillas de cristales. La mayoría de los mapas o rejillas estelares se basan en la idea de la naturaleza fija de las estrellas. Esta naturaleza de las estrellas sugiere que cada estrella estará siempre en su lugar, aunque se aleje o se acerque a otras constelaciones. Sin embargo, hasta ahora nadie ha podido demostrar que un patrón estelar específico sea realmente "fijo" e inmutable.

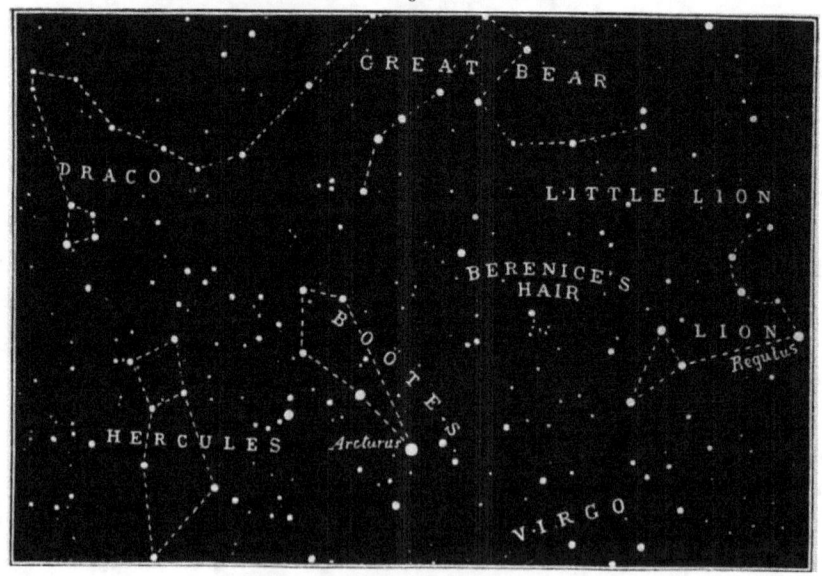

Constelaciones.
Fuente: https://www.publicdomainpictures.net/en/free-download.php?image=astronomy-constellation-vintage&id=391934

Por supuesto, es posible que se pregunte cómo se puede alinear exactamente un patrón fijo de estrellas en primer lugar. Según los filósofos medievales que pensaban en el mismo tema, las estrellas están, de hecho, unidas entre sí por "haces de luz". Esto es importante porque nos dice que si una estrella se aleja u otra se acerca a ella, seguirían unidas a través de estos haces de luz. Por tanto, puede que no haya necesariamente una alineación fija, sino más bien una alineación cambiante. El verdadero misterio aquí es por qué el universo parece haber elegido esta estructura particular para su organización.

Otra forma posible de averiguar si existe un patrón fijo sería realizar un estudio sobre la ubicación de las estrellas en relación con las demás. Verá rápidamente que sus posiciones no permanecen en los lugares esperados, ya que muchas estrellas parecen moverse de forma distinta a la de un patrón fijo. De hecho, puede pensar que la mayoría de los patrones estelares están sujetos a un cambio constante, ya que interactúan con otras energías planetarias y se mueven según las leyes naturales. La cuestión es que no se puede utilizar ningún patrón o rejilla estelar en particular como una plantilla precisa para sus propias rejillas personales porque están cambiando constantemente. Esto no quiere decir que nunca vayamos a encontrar patrones en las estrellas. La cuestión es que si lo hacemos, lo más probable es que los patrones estén fijados en relación con el movimiento de otras estrellas, y no debido a alguna ley cósmica que diga: "Aquí es donde estarán siempre las estrellas". Así que no puede guiarse siempre por lo que ve en un momento dado, sino por un principio más general: el Principio Hermético de Correspondencia.

El principio hermético de la correspondencia

La Ley de Correspondencia ha sido utilizada durante miles de años por filósofos, alquimistas, artistas y teósofos para ayudar a encontrar la forma en que la Tierra refleja lo que ocurre en los cielos. El ejemplo más evidente de este principio se encuentra en la astrología, un arte que utiliza un mapa o rejilla de las estrellas (el zodiaco) para predecir todo tipo de acontecimientos que ocurren en la Tierra. De hecho, algunas personas utilizan cristales basados en sus signos astrológicos para mejorar su flujo de energía y digerir mejor la información. No debería sorprender entonces que las estrellas también tengan sus propios campos de energía, al igual que los cristales. La inclusión de los patrones estelares en la práctica de la curación con cristales se ha visto con escepticismo en el pasado debido a la falta de información y pruebas. Sin embargo, en los últimos años, este tipo de conocimiento se ha ampliado y ahora sabemos que los cristales naturales reflejan ciertos patrones estelares.

Los signos del zodiaco y las rejillas de cristales

Los antiguos místicos conocían la correspondencia entre el signo del zodiaco y la rejilla de cristales. Les enseñaron a alinear los campos de energía de sus cristales con la propia rejilla energética de la Tierra para absorber las energías cósmicas de las estrellas circundantes. Posteriormente, utilizaban esta energía para potenciar sus capacidades curativas, y muchos tipos de rejillas de cristales pueden utilizarse para esta curación. Un buen ejemplo es la rejilla de cristal de Acuario.

La rejilla de la Tierra está dividida en doce secciones, marcadas por un círculo de doce constelaciones que son los signos del zodiaco. Hace más de 2000 años, el astrónomo griego Ptolomeo introdujo este sistema para describir los ciclos naturales de la Tierra y explicar por qué ciertos aspectos de la existencia humana, como las emociones y la sexualidad, ocurren en pares o en grupo durante un año. Los momentos óptimos para estas cosas están marcados por sus correspondientes signos del zodiaco. Así, puede utilizar los signos del zodiaco para marcar un momento estándar en el que podrá trabajar mejor con la energía de determinados cristales. Esta es una forma muy conveniente de trabajar con los cristales durante la meditación porque solo se alinean con energías específicas mientras usted está en la zona.

Como puede ver, la Ley de Correspondencia sugiere que utilicemos el cielo estrellado como plantilla para crear nuestras propias rejillas. Cada patrón estelar o constelación puede emparejarse con uno o más cristales en función de sus frecuencias vibratorias únicas y sus energías correspondientes. A continuación se explican los diferentes patrones estelares y qué tipo de propiedades curativas le ofrece cada uno. Algunos patrones están todavía en estudio, pero hay muy pocas dudas de la existencia de estos patrones en la realidad.

La constelación de Piscis

La característica más llamativa de esta constelación es su forma distintiva, que parece un pez, o dos peces unidos por una línea. Es una de las constelaciones más grandes, ya que cubre aproximadamente el 20% de todo el cielo, y sin embargo no contiene ninguna estrella brillante. Un buen lugar para encontrarla es en el cielo occidental justo antes de la puesta de sol. Si puede localizar el Gran Cuadrado de Pegaso, podrá divisar esta constelación fácilmente porque se encuentra por encima o por debajo de este cuadrado.

La constelación de Piscis es conocida por ser la "seguidora" de la constelación de los peces, de donde procede su nombre. Esto podría deberse a que las estrellas asociadas a Piscis también están relacionadas con aspectos espirituales como la intuición y la meditación, así como con la conciencia y el conocimiento psíquico. La estrella principal de este patrón se llama Denébola, que significa "cola de pez" en latín. Esta estrella se encuentra a unas tres cuartas partes del camino desde donde los peces se unen para formar esta forma. Tiene una energía magnética muy fuerte debido a su posición cercana al polo magnético de la Tierra. Esta estrella tiene una frecuencia vibratoria que es importante para unir su cuerpo con el campo energético de la Tierra y las energías cósmicas.

El cristal asociado al Denébola es la piedra de luna, de la que se dice que es beneficiosa para quienes desean entrar en contacto con las energías de otras dimensiones. La piedra de luna también puede utilizarse para mejorar la intuición y la conciencia psíquica y proteger las energías de las influencias externas. Hay varias formas de mostrar el patrón estelar de Piscis en una rejilla de cristal, como por ejemplo utilizando el signo zodiacal o una combinación específica de piedras afines a Piscis para crear una rejilla de cristal. La combinación de piedra de luna y malaquita formaría una rejilla de piedras preciosas muy fuerte, mientras que si añade cornalina, jaspe y lapislázuli a la rejilla de piedra de luna y malaquita, tendrá una rejilla de cristal que se utiliza para conectar con el Sol. También podría utilizar este mismo patrón con una rejilla de cristal de aguamarina para aumentar su conexión con la Divinidad Padre-Madre. Esto le hará entrar en conversación con el sistema solar de la Tierra.

La constelación de Aries

La constelación de Aries está formada por dos estrellas principales. Hamal y Sheratan, más una tercera estrella llamada Mesarthim (que se encuentra entre estas dos). La característica principal de esta constelación es su forma distintiva, que parece un astrolabio o una esfera armilar. Aries está separada de los grupos de estrellas por cuatro estrellas brillantes llamadas el Gran Cuadrado de Pegaso. El patrón estelar de Aries se asocia con los elementos Aire y Fuego. Las estrellas de esta constelación también están conectadas con las frecuencias vibratorias que mejoran la comunicación, la agudeza mental y la visión interior y favorecen la memoria y el aprendizaje. Si desea potenciar sus capacidades de curación física, el cristal de esta constelación sería una buena elección por su capacidad para equilibrar las funciones del sistema nervioso autónomo, al tiempo que le ayuda a afrontar los problemas de la terapia con mayor madurez. El cristal que funciona especialmente bien con este patrón es el aguamarina. El aguamarina equilibra todo el sistema nervioso para que no pierda el control sobre sus emociones. El aguamarina también es una buena elección para aquellos cuyas tareas requieren que tomen decisiones rápidas. Agudizará su concentración mental, mejorará su memoria y su capacidad de comunicación, un activo esencial en la sociedad actual.

La constelación de Géminis

Esta constelación se encuentra en el cielo oriental a primera hora de la tarde. Tiene la forma de un par de gemelos y, al observarla, se puede ver fácilmente por qué se llama Géminis. Esta constelación es una de las 48 constelaciones del grupo de Ptolomeo. Sus estrellas se asocian a varias energías, entre ellas la capacidad intelectual y la memoria, así como la capacidad de comunicación, el movimiento y la coordinación. Además de estas propiedades curativas, la energía de Géminis también puede utilizarse para despejar la energía negativa de su aura, de modo que se vuelva más enérgica. Puede utilizar la energía de una estrella asociada a Géminis para que le ayude a conseguirlo, como por ejemplo Sirio, la estrella más brillante de esta constelación, cuya frecuencia vibratoria puede utilizarse para ayudarle a equilibrar sus emociones, al tiempo que le ayuda a lidiar con cualquier problema provocado por otras personas. Utilizar la energía de esta estrella es más beneficioso si la empareja con un cristal que pueda utilizarse para la curación, como un cristal de cuarzo.

La constelación de Cáncer

La característica más importante de esta constelación es su forma; es como medio cangrejo (o no es un cangrejo, podría tener otra forma) con una pinza hacia arriba y la otra hacia el suelo. No se puede ver en noches muy claras porque no cubre mucha superficie en el cielo. Si puede divisarlo, entonces se encuentra entre las alas de Pegaso. La constelación de Cáncer representa el elemento Agua y puede ser buena para quienes quieran utilizar sus poderes curativos para ayudar en los asuntos relacionados con sus emociones. El cristal de esta constelación puede utilizarse tanto para el equilibrio emocional como para la curación de problemas emocionales como la ira. También puede ayudarle a comprender mejor a los demás y a aprender sobre la naturaleza humana en general si elige el Ágata como cristal, que está fuertemente asociado a todas las emociones. Esto le ayudará a empatizar con los sentimientos de los demás.

La constelación de Leo

Esta constelación se encuentra en el cielo del sureste, justo antes de la puesta de sol. Tiene forma de flecha y, al observarla, se puede ver fácilmente por qué se llama Leo. Las estrellas de esta constelación están relacionadas con el elemento fuego y con habilidades como el pensamiento, la planificación y la comunicación. Por eso mucha gente cree que las estrellas asociadas a Leo mejoran las habilidades lógicas. También se dice que potencian la conciencia mental y las habilidades psíquicas. Si le interesa la meditación o las prácticas espirituales, como los sueños lúcidos, el cristal de esta constelación sería una buena elección por su capacidad para ayudarle a conectar con su ser interior. Si utiliza el cristal asociado a esta constelación, lo mejor es que lo empareje con un cristal verde o turquesa. Esta elección le ayudará a equilibrar la energía del Fuego con la del Agua para controlar mejor sus emociones.

La constelación de Virgo

La Constelación de Virgo tiene la forma de una mujer que sostiene una gavilla de trigo, con las manos y los brazos doblados por la mitad y apuntando al cielo. Su forma es así porque las estrellas asociadas a ella están relacionadas con el elemento Agua, relacionado con la crianza, el cuidado de los demás y la intuición. Algunas personas creen que las estrellas de esta constelación pueden ayudarle a ser más intuitivo y psíquico. Otros dicen que la energía de Virgo puede ayudarle a localizar las cosas con facilidad. Si decide utilizar un cristal de esta constelación, puede elegir la obsidiana porque es muy eficaz para potenciar la intuición y las capacidades psíquicas.

La constelación de Libra

Las estrellas de la constelación de Libra se encuentran a medio camino entre Orión y Géminis dentro de la Vía Láctea. Tiene la forma de un par de balanzas, en las que una indica el peso y la otra el valor. Esta constelación se asocia con el elemento Aire, así como con el equilibrio y la armonía. El cristal de la constelación de Libra tiene propiedades que pueden ayudarle a encontrar fácilmente el equilibrio, especialmente en su vida. Sin embargo, también potencia capacidades como la creatividad y las habilidades artísticas. Su energía puede utilizarse para ayudarle a crear el equilibrio perfecto en su vida para que esté en armonía con su yo interior y exterior. Si está interesado en este cristal de patrones estelares, quizá quiera considerar el citrino porque se cree que es uno de los mejores cristales para crear equilibrio en su interior y paz a su alrededor. Si su vida no está actualmente en perfecto equilibrio, pero tiene el deseo de ponerla en armonía, entonces la energía de este cristal puede ayudarle.

La constelación de Escorpio

Escorpio es una de las 48 constelaciones del grupo de Ptolomeo que se encuentran en el zodiaco. Su forma se asemeja a la de un escorpión, aunque algunos dicen que se parece más a un lagarto o a una araña. Esta constelación se asocia con el elemento Tierra y Agua y con el poder y la regeneración. Las estrellas de esta constelación se asocian a un aumento de la vitalidad y a su capacidad para utilizar sus energías para rejuvenecerse. Hay mucha variedad en cuanto a los cristales que puede utilizar de este patrón estelar, pero la casiterita es uno de los más comunes. Es una piedra de curación que puede ayudarle a recuperar el vigor y la energía y a vigorizar su mente para que pueda concentrarse más en sus tareas de sanación.

La constelación de Sagitario

Esta constelación es muy conocida por su forma; parece un arquero con su arco levantado hacia el cielo. Se asocia con el elemento Fuego, así como con la salud, la curación y su capacidad de acción. Si quiere utilizar un cristal de esta constelación, probablemente deba elegir la Turquesa. Se cree que es bueno para curar las dolencias físicas y para ayudarle a deshacerse de los problemas mentales. Si sufre algún tipo de lesión o enfermedad, así como inflamación en sus partes del cuerpo, entonces la energía de este cristal podría utilizarse para ayudar a aliviar el dolor y promover la curación. Mucha gente lo utiliza también para combatir infecciones debido a sus energías antibacterianas. También puede ayudar a aliviar el estrés y la ansiedad por su capacidad para fortalecer el sistema inmunológico.

La constelación de Acuario

Las estrellas de esta constelación se encuentran entre Géminis y Piscis, hacia el suroeste. Su forma es la de un hombre con los brazos en alto mientras lleva un bastón. Su nombre se debe a que representa el elemento Agua, que es una de sus principales propiedades. Esta constelación se asocia con el hecho de ser visionario, lo que significa que puede ayudarle a evaluar las situaciones con claridad y a emitir buenos juicios para preparar la acción. También se dice que aumenta sus poderes intuitivos y resulta favorable para la comunicación, ya que le permite comprender algunas de las cosas que ocurren a su alrededor. Las estrellas asociadas a la constelación de Acuario pueden utilizarse para aumentar su capacidad de tomar decisiones sabias y pensar con claridad, y también para mejorar su conciencia psíquica. Si desea utilizar un cristal de este patrón estelar, puede optar por el Cuarzo Rosa porque se dice que es un cristal muy bueno para la comunicación. También es bueno para la curación y el trabajo energético porque se considera uno de los cristales más poderosos que existen.

La constelación de Tauro

Esta constelación se asemeja a un toro recostado en el suelo, orientado hacia el sur. Se asocia con el elemento Tierra y representa algo fuerte y sólido. También se ha asociado con la fertilidad, la concepción, el crecimiento y la energía. Los cristales de esta constelación son bastante comunes en la joyería porque realzan su belleza, mejoran su aspecto y le protegen de la energía negativa y la enfermedad. Si desea utilizar alguno de estos cristales, el ópalo sería la mejor elección porque puede hacer la mayoría de estas cosas excepcionalmente bien. También es bueno para la curación y para potenciar sus capacidades psíquicas.

La constelación de Capricornio

La constelación de Capricornio suele representarse con una cabra que sostiene una media luna invertida sobre su cabeza. Se asocia con el elemento Tierra, así como con la fertilidad, la abundancia y el crecimiento. Esta constelación también se asocia a veces con el elemento Agua debido a sus estrellas y asociaciones acuáticas. Además, esta constelación se ha relacionado con la idea de ser sabio o tener buen juicio. Si quiere utilizar un cristal de este patrón estelar, puede elegir la Amatista porque se cree que es un buen cristal para realzar su belleza y encanto. También puede optar por la malaquita por sus propiedades terrenales y su capacidad para curar dolencias físicas y potenciar sus habilidades psíquicas.

Hasta ahora, se le ha informado sobre los patrones estelares de 12 constelaciones diferentes. Por ejemplo, puede preguntarse qué patrón estelar debe colocarse en qué lugar de una rejilla de cristal, como la Semilla de la Vida. La respuesta a esta pregunta depende de usted, de sus preferencias y del tipo de conexiones que quiera establecer con los cristales. Tal vez podría ser interesante para usted disponer los cristales de diferentes constelaciones de forma que se cree una imagen de cada constelación, como un cuadro en el ojo de su mente. Esto podría ser un experimento para ver si puede imaginar la energía de cada cristal sin disponerlos físicamente en una tabla. También podría ser interesante agrupar los cristales que están conectados por sus propiedades energéticas o por el color y luego disponerlos de nuevo en un patrón que cree la forma del patrón de estrellas asociado a cada constelación.

Las estrellas utilizadas en los patrones estelares son simbólicas y no son representativas de una piedra concreta que pueda utilizar. Sin embargo, estos patrones estelares son muy útiles para identificar qué cristales son más útiles para curar ciertas condiciones y dolencias. Esto puede ayudarle a decidir qué cristales introducir en su vida, cuál es la mejor manera de utilizarlos y cuándo hacerlo. Si usted o alguien que conoce tiene alguna duda sobre la mejor manera de utilizar determinadas piedras, le recomiendo que lea las características de un cristal antes de utilizarlo (consulte los capítulos 4, 5 y 6). Pueden ayudarle a tomar buenas decisiones con respecto a su salud y bienestar y a identificar para qué problemas sería buena una piedra concreta.

Capítulo 14: La activación de su rejilla de cristal

Activar su rejilla de cristal es el primer paso para que funcione para usted. Su intención marca el tono de cómo fluye la energía a través de la rejilla. Una rejilla puede proporcionar energía de conexión a tierra, calmante y elevadora de diversas maneras, dependiendo de lo que usted establezca como intención. Esto es similar a la forma en que su cuerpo responde a las emociones. Puede ser calmante, relajante o simplemente energizante. Por ejemplo, si establece una intención de ser productivo o creativo, esa intención se manifestará de forma diferente que si su intención es relajarse y disfrutar del momento. Debe comprender lo que pretende hacer con su rejilla, *para que sus intenciones sean claras.* La activación de una rejilla de cristal puede tardar unos días en manifestarse con la mayoría de los diseños de rejillas. Este proceso funciona estableciendo una conexión entre su mente y la rejilla de cristal repitiendo afirmaciones y enviando energía hacia ella con su intención.

Estableciendo sus intenciones

Es conveniente utilizar frases positivas en lugar de deseos. Por ejemplo, en lugar de decir: "Quiero ser productivo", podría decir: "Soy productivo". En lugar de decir: "Quiero tener más energía", podría decir: "Estoy lleno de vida y energía". Sus formas de pensamiento pueden reflejar energía positiva o negativa, así que tenga cuidado con este paso. Establecer intenciones con un tono positivo ayudará a que la energía fluya en la dirección deseada. Aunque hay muchas cosas que puede establecer como intención, lo mejor es hacer algo que esté alineado con sus objetivos y deseos. Lo que establezca como intención se activará y manifestará de acuerdo con su propia energía. Si busca más información sobre lo que quiere conseguir, piense en lo que le hace feliz y le hace triunfar. También puede pensar en los retos o problemas a los que se enfrenta actualmente.

Cuando establezca su intención, asegúrese de exponerla en un tono positivo y de afirmación sin miedo al fracaso. Conectar con su intención y darle toda la energía que merece es importante. Si tiene una intención que no funciona según lo previsto, no se atormente por ello. En su lugar, establezca otra intención y suelte la que no ha funcionado. Con el tiempo, encontrará una que sí lo haga. Puede hacer esto de dos maneras:

- **Establecer una intención para manifestar un elemento específico:** Piense en lo que necesita y dígalo en voz alta o escríbalo. Si necesita dinero, escriba "Tengo éxito financiero". Si quiere una casa nueva, declare: "Tengo una casa nueva". Esto puede hacerse utilizando diferentes idiomas o símbolos. La cuestión es centrarse en el objeto que desea y soltar cualquier cosa que se interponga en el camino de la realización. Este es el proceso de utilizar su propósito como su intención.

- **Establezca una intención de manifestar una determinada experiencia:** Piense en algo nuevo y emocionante o en algo que le gustaría experimentar. También puede enumerar esto o decirlo en voz alta mientras visualiza la experiencia en su mente. Esto le dará una idea de lo que aporta alegría a su vida y le impide experimentar todo su potencial. Al hacerse estas preguntas y escuchar las respuestas, obtendrá una visión de lo que puede estar faltando en su vida.

Afirmaciones

Las afirmaciones pueden utilizarse para comunicar sus intenciones, elaboradas para que le traigan lo que quiere y necesita. Las afirmaciones son aquellas palabras, frases u oraciones que utiliza para contarse a sí mismo una determinada historia. Puede crear afirmaciones escribiéndolas o visualizando o dibujando el resultado en su mente. Una afirmación poderosa demuestra lo beneficioso que sería para usted tener aquello que desea, lo feliz y satisfecho que le hará, y el éxito y el significado que experimentará una vez que se manifieste. Las afirmaciones deben ser sinceras y tratarse de su intención más que de algo que se haga por usted. Puede elegir palabras que le emocionen, que expresen sus deseos y que le hagan sentir bien. Si todavía no tiene escrita una afirmación completa, no se preocupe: *puede crear una mientras se centra en su intención.* Cuando termine de crear la afirmación, repítala para permitirse ponerla en acción.

Dibujar el resultado positivo en un papel o en su mente es una sencilla técnica de visualización que puede añadirse a cualquier intención para obtener resultados rápidos. Si tiene mucha energía y motivación para lo que está trabajando, dibuje o visualícese experimentándolo. Esto le ayudará a aumentar su entusiasmo y a poner todas las piezas en su sitio para manifestarlo.

A la hora de establecer sus intenciones, es prudente elegir una que sea específica y que despierte una pasión por usted. Si tiene más de una intención a la vez, es posible que algunas no se manifiesten mientras que otras sí. Por ejemplo, si establece una intención de hacerse rico y exitoso, y luego una intención de encontrar el amor y ser feliz de forma conjunta, solo se manifestará la que se alinee con su verdadero propósito. Las que no se alineen se manifestarán de forma diferente, así que es mejor centrarse en una intención a la vez para evitar confusiones.

Es importante fijar su intención y centrarse en ella sin falta. Puede hacerlo visualizando el resultado y escribiendo unas cuantas afirmaciones cada día, según su tiempo disponible. Si las personas, los lugares o las situaciones de su vida le impiden conseguir lo que desea, puede utilizar su intención para ayudar a resolver el problema. Hacer esto puede ayudar a aliviar el estrés, que a menudo es causado por el exceso de pensamientos o preocupaciones. Utilizar las rejillas de cristales para establecer una intención puede ser intenso al principio, pero se hace más fácil a medida que pasa el tiempo. Cuando utilice una rejilla de cristal para establecer una intención, puede colocar su afirmación en el centro de su rejilla después de construirla o simplemente repetirla como un canto durante la colocación del cristal. Puede decirse a sí mismo que ha fijado su intención y que está dispuesto a aceptar lo que venga. También puede recoger el cristal de la rejilla, sostenerlo cerca de su corazón y decirse a sí mismo que está manifestando lo que está alineado con su propósito.

Su objetivo debe ser centrarse en su intención y estar agradecido por lo que ocurra. Si parece que no ocurre nada, no se preocupe por ello; manténgase centrado. Si se encuentra dudando y preocupándose, simplemente cambie su enfoque a otra cosa que le traiga paz y amor en lugar de estrés. Cuando le resulte difícil concentrarse, tómese un descanso y haga otra cosa que le distraiga y le calme. Esto puede ir desde bailar hasta realizar actividades creativas como escribir o dibujar. Estas cosas pueden desencadenar la creatividad y la inspiración.

Al establecer su intención, puede utilizar ciertas afirmaciones para ayudar a manifestar el objetivo más rápidamente. No debe dudar del proceso ni dejar que sus propios pensamientos se interpongan en lo que intenta hacer. Esto se debe a que sus pensamientos tienen energía, y la energía es una vibración. Su intención debe ir seguida de una acción, y una de esas acciones debe ser actuar como si ya se hubiera manifestado para crear una conexión más fuerte entre el lugar en el que se encuentra ahora y el lugar al que quiere ir, especialmente si se trata de un área nueva para usted. Sus afirmaciones pueden ser de todo tipo, pero aquí tiene una lista rápida para ponerse en marcha:

- Estoy vibrando en armonía con mi deseo y manifestando mi propósito
- Estoy en perfecta alineación con lo que quiero en la vida, y nada se interpone entre mí y mi manifestación
- Estoy mentalmente preparado para recibir lo que quiero
- Estoy comprometido con mi propósito en la vida

- Estoy amando incondicionalmente
- Estoy abierto y receptivo a todas las oportunidades
- Soy digno
- Me quiero a mí mismo
- Estoy agradecido por lo que tengo en la vida
- Mi energía está alineada con mi intención
- Soy creativo y estoy inspirado
- Tengo confianza en mí mismo y soy poderoso
- Tengo fe en que mis deseos se cumplirán
- Soy alegre, feliz y libre
- Estoy en el flujo de la vida
- Puedo entrar en mi poder y crear mi realidad deseada
- Estoy en aceptación de lo que ocurre en mi vida

Cómo elegir los cristales adecuados para su rejilla

Hay muchos tipos de cristales, y cada uno tiene una vibración única, así como propiedades únicas que pueden ayudar a manifestar su intención. Debe elegir cristales que sean especiales para usted, que tengan un significado para usted, que resuenen con un sentimiento o emoción que sea importante para usted y que coincidan con los demás cristales de su rejilla.

Al elegir los cristales para ponerlos en una rejilla, debe sentir la energía que proviene de ellos. Esto puede hacerse sosteniendo la piedra en la mano y sintiendo la energía dentro del cristal. Si no emana energía, puede que necesite limpiarlo o recargarlo antes de empezar a trabajar con él. Los cristales proceden de todo el mundo y cada uno de ellos tiene algo especial que los hace únicos respecto al resto. Debe estar familiarizado con ciertos cristales y lo que representan a partir de los capítulos anteriores. Por ejemplo, la turquesa es una piedra del elemento tierra que representa la conexión a tierra y se asocia con la protección. El litio es una piedra del elemento metal que representa el cielo y se asocia con la expansión y la abundancia. La fluorita también está asociada a la expansión, pero además aporta conocimiento y sabiduría. Por lo tanto, al elegir los cristales para su rejilla, debe considerar conscientemente sus intenciones.

Además, cuando determine qué cristales colocar en su rejilla, utilice el color como factor de orientación para ayudar a conectarlos con un sentimiento o emoción que desee, y para que resuenen con otros cristales de su rejilla. Por ejemplo, si el turquesa es su color deseado, puede utilizarlo para rodear cualquier otra piedra turquesa que haya en su rejilla y cualquier otra piedra que sienta que aporta armonía a la energía circundante.

Si desea una forma más específica de saber qué cristales pueden utilizarse para su rejilla, puede consultar los capítulos anteriores o varios sitios web que ofrecen listas de cristales recopiladas por otros. Estos son buenos recursos si quiere saber qué cristales se han utilizado para diferentes propósitos, como la curación, el amor, el dinero y la protección, pero en última instancia, usted decide qué es lo que mejor le funcionará. Cuando haya determinado qué cristal o cristales funcionarán bien con su intención, es el momento de colocarlos en su rejilla.

Elegir la forma adecuada para su rejilla

Se pueden utilizar varias formas para su rejilla. Puede elegir una en función de su intención, o puede utilizar dos o más formas para amplificar el poder y la fuerza de sus intenciones. Elegir una determinada forma o patrón que tenga un significado para usted le ayudará a concentrar sus intenciones y poderes en algo específico. Su forma geométrica sagrada también representa cierta energía, vibración o elemento espiritual que debe tenerse en cuenta a la hora de elegir cuál utilizar. Esto se debe a que cada forma tiene sus propias propiedades y usos únicos, además de representar un aspecto de la fuente divina. Si lo desea, puede incluso hacer su rejilla con una forma sin significado espiritual conocido, pero a veces, esto puede alejar el propósito de su intención. Si quiere conocer las diferentes propiedades y asociaciones con cada forma de geometría sagrada, consulte los capítulos 12 y 13.

Colocación de los cristales

Una vez que haya decidido qué cristales y formas funcionarán mejor para su rejilla, es el momento de colocarlos en el patrón de la rejilla. Puede colocar los cristales en cualquier patrón que desee, pero para el propósito de este libro, crearemos una rejilla con el diseño de la Semilla de la Vida.

Primer paso: Las primeras piedras que se colocan son las más externas, también llamadas piedras del deseo. Se colocan alrededor del perímetro de la rejilla, apenas tocándola y manteniendo la forma en su lugar. Estas piedras representan la manifestación de su intención y dirigirán la energía hacia su rejilla. Puede elegir un tipo de piedra o diferentes para representar y crear la energía necesaria para la manifestación. Estas piedras deben colocarse primero porque representan el lugar donde comenzará la rejilla.

Segundo paso: Las segundas piedras que se colocan en su rejilla se llaman piedras de camino. Rodean el centro donde se colocará la piedra de enfoque. Son el poder y la fuerza de la rejilla, así como su guía. Pueden tener cualquier forma y tamaño, pero deben tener al menos dos centímetros de diámetro para que sean funcionales. Las piedras de enfoque pueden mover la energía y amplificar las vibraciones.

Tercer paso: La última pieza que se coloca en el patrón de su rejilla se llama piedra de enfoque o piedra de anclaje. Esta piedra se coloca en el centro de su rejilla para difundir y dirigir la energía. Se utiliza para mantener la energía de su intención. Debe colocar la piedra en un lugar que sienta que representa su intención y un lugar con el que se sienta cómodo, pero debe estar en el centro de todas las demás piedras. La piedra de enfoque representa la intención principal de su patrón de rejilla y está formada por una piedra que resuene con su intención. Esta piedra debe tener al menos 7 centímetros de diámetro y debe estar consagrada para que no pueda moverse.

Cuarto paso: El último paso es "conectar los puntos", por así decirlo. Aquí es donde usted utiliza un bolígrafo o un lápiz para conectar los bordes de las piedras alrededor de su patrón de cuadrícula. Puede utilizar diferentes colores o diferentes formas de conectar los puntos en función de lo que quiera representar con su rejilla. Muchas personas optan por conectar su patrón de rejilla utilizando un solo color y una técnica específica que enfatiza un color sobre los demás. Estas líneas también se llaman caminos. Son las rutas que recorren el centro de su rejilla, conectando las piedras entre sí. La energía vibratoria de la rejilla fluye a través de estas líneas de un cristal a otro. También se considera que son el camino entre la realidad física y la divina. En cualquier caso, estas líneas pueden dibujarse por encima o por debajo de las piedras, pero es mejor asegurarse de que la línea toca directamente la piedra con la que se conecta. De este modo, se crea una conexión visual entre las dos piezas de energía.

Capítulo 15: El cuidado de su rejilla de cristal

Utilizar una rejilla de cristal puede ser una experiencia muy gratificante. Permitir que la energía de sus cristales fluya entre sí ayuda a crear una energía poderosa y receptiva que puede estimular los chakras y traer el equilibrio a su hogar. Y lo que es más importante, su rejilla de cristal ofrece un punto focal positivo y bello que ayuda a conducirle a usted y a su familia a un estado más profundo de relajación y satisfacción. Sin embargo, mientras atiende a su rejilla diariamente, hay ciertas cosas que querrá tener en cuenta para mantener la eficacia de su rejilla.

Mantenimiento de la rejilla de cristal 101

Una rejilla de cristal de calidad puede ser una inversión que durará muchos años. Es importante ser delicado y paciente al cuidar su rejilla. Asegúrese de tratar su rejilla con respeto, sin dañar sus cristales o piedras. También querrá asegurarse de que sus cristales se guarden lejos de la luz solar directa cuando no se estén cargando, porque esto puede desvanecer el color brillante y hermoso de sus cristales con el tiempo.

Si encuentra que su rejilla de cristal se ha llenado de polvo, puede utilizar un paño de seda suave y seco para limpiar el polvo. No utilice un paño húmedo o agua para limpiar su rejilla de cristal porque esto puede dañar los cristales más blandos. Cuando limpie su rejilla, intente mantener lo más posible la forma y la disposición de la rejilla intacta. Se recomienda que coloque los cristales en sus posiciones originales después de la limpieza para que puedan restablecer el flujo de energía previsto.

Para evitar que su rejilla de cristal se desvirtúe, es una buena idea mantener su rejilla a la vista solo cuando desee extraer energía de ella. Coloque su rejilla de cristal donde pueda verla, pero asegúrese de no colocarla en zonas muy transitadas de su casa por las que pase mucha gente. Recuerde que alterar o cambiar la forma o la disposición de una rejilla de cristal puede tener consecuencias no deseadas, así que si decide alterar la disposición de su rejilla, considere dejar la disposición original intacta durante algún tiempo antes de hacer cualquier cambio.

Cargar su rejilla de cristal

Aunque la mejor manera de mantener su rejilla de cristal en buen estado es cuidándola, también debe asegurarse de cargar y revivir sus cristales con regularidad. Los cristales acabarán perdiendo su poder, al igual que cualquier otra cosa hecha con energía terrestre. Cuando esto ocurra, debería considerar la posibilidad de recargarlos, para que puedan seguir aportando equilibrio a su vida. Recuerde que cada cristal de su rejilla contendrá una energía diferente; por lo tanto, cada uno tendrá su forma única de absorber y retener la energía que se le ha dado.

Para recargar sus cristales, querrá llenar los cristales con la energía que necesitan colocándolos en un cuenco o algún otro tipo de recipiente que pueda contenerlos. A continuación, querrá utilizar su intención para enviar energía a través de su cuerpo hasta sus manos y al cristal. También puede utilizar un péndulo para ayudar a dirigir el flujo de energía desde su cuerpo y hacia los cristales. Tenga en cuenta que este proceso requerirá práctica, por lo que no debe frustrarse si no recibe resultados inmediatos. Existen varias técnicas que le ayudarán a concentrar su energía y a asegurarse de que esta llega efectivamente a los cristales.

Un método sencillo consiste en colocar uno o varios de sus cristales (solo los duros) en un cuenco con un vaso de agua, lo que le ayudará a dirigir la energía que desea enviar. Utilizar esta técnica no requiere ninguna configuración especial, solo un cuenco para contener sus cristales y un vaso de agua. Una vez que haya colocado su cristal en el cuenco de agua, es importante que se siente en silencio y piense en lo que le gustaría que la energía lograra. También es útil pensar en el cristal y en lo que significa para usted para poder amplificar su energía y enviar al cristal un mensaje claro. A continuación, debe colocar las manos suavemente sobre el cuenco sin tocar el cristal e intentar sentir un flujo de calor a través de sus manos y hacia el cuenco. Deberá repetir este ejercicio tantas veces como sea necesario hasta que esté seguro de que los cristales de su rejilla se han recargado con la energía adecuada.

Otra forma de cargar sus cristales es utilizando un péndulo. Un péndulo puede ajustarse para que vibre a determinadas frecuencias energéticas, lo que ayudará a que la energía se desplace desde su cuerpo hasta el cristal. Debe colocar el péndulo a una distancia de aproximadamente dos centímetros de su cristal y dejar que se balancee de un lado a otro cada vez que repita una afirmación. A continuación, después de cada oscilación de ida y vuelta, mantenga el péndulo inmóvil durante unos instantes para calmarse antes de continuar con la siguiente oscilación. Debe hacer esto durante unos diez minutos cada día, utilizando diferentes afirmaciones cada vez.

Una vez que haya recargado sus cristales, deberá colocarlos en su posición original. Intente no mover demasiado los cristales. Sin embargo, si lo hace, simplemente tómese un momento para que la energía sea consciente de su nueva ubicación. Procure que los cristales se coloquen lo más cerca posible de sus posiciones originales, a menos que haya creado una nueva disposición por completo. Esto ayudará a garantizar que los cristales puedan redirigir eficazmente la energía que se les envía.

Recuerde que todo tiene su propia manera de absorber la energía, tanto las cosas animadas como las inanimadas. No se alarme si sus cristales tardan en absorber o retener la energía que les envía. Simplemente siga con ello y recuerde que se necesita práctica para llegar a ser hábil en la carga de los cristales.

Desactivación de la rejilla de cristal

Si ha decidido que quiere desactivar su rejilla de cristales, hay un par de pasos que deberá seguir. En primer lugar, debe recordar que si la rejilla ha estado activada durante mucho tiempo, desactivarla puede hacer que la energía almacenada en los cristales se filtre a su entorno. Por lo tanto, si su rejilla de cristales ha estado en funcionamiento durante un tiempo, debe asegurarse de reiniciarla antes de retirar cualquiera de los cristales para evitar que se dañe el campo de energía de los propios cristales.

Para desactivar su rejilla de cristales, comience por recoger todos los cristales. Una rejilla de cristal está formada por muchas piezas, por lo que si decide retirar algunos cristales, debe empezar por la pieza de mayor vibración. Además, una vez que haya retirado algunos cristales de su rejilla, es útil llevar una pieza de joyería con energía protectora para ayudar a restablecer su equilibrio durante este periodo. Ahora coloque los cristales en un cuenco o algún otro recipiente que esté limpio y preferiblemente de plástico. A continuación, puede sumergir los cristales en sal o tierra y enterrarlos en algún lugar del exterior para que devuelvan sus energías a la tierra. Déjelos enterrados durante al menos dos semanas, pero más tiempo es aún mejor. Una vez que los cristales se hayan descargado correctamente, retírelos de la tierra, límpielos con un paño seco y guárdelos lejos de la luz solar directa.

Mantenimiento de la rejilla a largo plazo

Es importante recordar que los cristales están, en cierto sentido, vivos. Tienen sus propias personalidades individuales y, por tanto, pueden reaccionar de diversas maneras cuando están cerca unos de otros. Además, a veces, puede notar que los cristales de su rejilla parecen "hablar entre ellos". En estos casos, intente no ponerse nervioso ni alterarse. En su lugar, aproveche esto como una oportunidad para comunicarse con ellos a través de la meditación o algún otro medio. Las rejillas de cristales están pensadas para que se sientan orgánicas. Deben crecer y cambiar con el tiempo como cualquier otro ser vivo, así que intente no apegarse demasiado a su rejilla, ya que sin duda cambiará con el tiempo.

Las rejillas de cristales pueden proporcionar una gran cantidad de información sobre cómo interactuamos con el mundo que nos rodea. Por ejemplo, si tiene problemas en un área determinada de su vida, añadir cristales relacionados con el problema en su rejilla es una buena idea para averiguar lo que tienen que decirle. Por supuesto, tenga en cuenta que a veces es difícil entender lo que un cristal está tratando de decirle, así que asegúrese de prestar mucha atención y mirar más allá de la superficie de las cosas. También es una buena idea llevar un diario para sacar el máximo partido a su rejilla de cristal. Esto puede ayudarle a identificar dónde están sus fugas de energía y qué áreas de su vida necesitan más atención.

Tener una rejilla de cristal activa durante mucho tiempo puede generar algunos apegos fascinantes. Si está interesado en explorar cómo los cristales se vinculan a las personas y a los acontecimientos de su entorno, siéntese y observe su rejilla desde una perspectiva holística. Puede que se sorprenda al notar que la energía de su rejilla de cristales está, en muchos sentidos, ligada a la energía de las personas que comparten su espacio. Las rejillas de cristales también pueden ayudarnos a comprender mejor nuestros campos energéticos personales. Al crear una rejilla de cristales a nuestro alrededor, podemos estar más capacitados para llegar a los campos de otras personas y conectar eficazmente con ellas a través del poder de los cristales.

Una rejilla de cristal que ha estado en funcionamiento durante algún tiempo crea la posibilidad de que la energía se filtre a su entorno. Si este es el caso, puede encontrar que algunos cristales de su rejilla no brillan tanto como antes. También puede recibir llamadas telefónicas o correos electrónicos inesperados e incluso sentir emociones intensas o sensaciones repentinas de euforia. Todos estos son signos de que la energía se está filtrando al mundo y se está comunicando con usted a nivel espiritual. Cuando esto ocurre, es importante recordar que los cristales no están reaccionando ante usted. En cambio, se están comunicando con su entorno. No se sienta intimidado por esto; más bien, tómese un momento para recordar lo conectado que está realmente con todo lo que le rodea a través de su rejilla.

Por último, si ha estado trabajando con una rejilla de cristales específica durante algún tiempo y ha notado que los resultados parecen ser menos espectaculares de lo que eran antes, esto puede ser una señal de que ha llegado el momento de crear una nueva rejilla de cristales por completo. Recuerde que los cristales no son energías estancadas, por lo que es posible que tenga que crear una nueva rejilla si la actual ya no le funciona. Una buena forma de descubrir si este es el caso es utilizando su intuición. Si se siente cansado y agotado sin ninguna razón en particular, empiece a anotar las actividades que ha realizado últimamente. Intente identificar la energía que le está drenando y determine si tiene algo que ver con su rejilla actual. Si este es el caso, puede investigar por qué ya no le está ayudando y entonces decidir si es el momento de adquirir una nueva. Recuerde que usted es el factor más importante para el éxito de su rejilla de cristales, así que si siente que las cosas han cambiado, asegúrese de investigar y tomar las medidas oportunas.

Ahora bien, aunque las rejillas de cristal son una herramienta poderosa para la manifestación y el autodesarrollo, es importante recordar que no son varitas mágicas. Pueden ayudar a clarificar sus intenciones y proporcionarle la energía necesaria para llevarlas a cabo, pero sigue dependiendo de usted asegurarse de que sus objetivos están alineados con su yo superior. Y lo que es más importante, si quiere experimentar una verdadera transformación, tómese el tiempo necesario para estar consigo mismo y nutrir realmente su lado espiritual. Recuerde que una rejilla de cristal es su conexión con la energía del universo, así que es su responsabilidad cultivar esta conexión para recibir el máximo beneficio.

Cómo sacar el máximo partido a su rejilla de cristal

Una vez que haya creado una rejilla de cristal, hay varias cosas que puede hacer para maximizar los efectos positivos de los cristales que ha colocado en ella. La primera de ellas es alejar su atención de la negatividad y, en su lugar, dedicar más tiempo a centrarse en los aspectos positivos de su vida. Hágalo repasando las afirmaciones que ha creado para su rejilla de cristales, siguiéndolas como si realmente estuviera hablando con un ser querido sobre su vida. Con el tiempo, este proceso se convertirá en un hábito y se encontrará deseando hablar con su rejilla de cristal como si se tratara de un miembro de la familia manteniendo una conversación casual.

Otra forma de asegurar la eficacia de una rejilla de cristal es tomarse el tiempo de mirar los cristales mientras les habla. Mientras hace esto, asegúrese de visualizar todo lo que le gustaría mejorar de su vida, y luego imagine que los cristales están enviando la energía para lograr estas cosas. Además, cuando haya terminado de armar su rejilla de cristales, asegúrese de repasar algunas de las cosas por las que está agradecido. Esto le ayudará a mantener su atención en los aspectos positivos de su vida, lo que, a su vez, aumentará su vitalidad en la realidad.

Por último, es importante tener en cuenta que una rejilla de cristal nunca debe utilizarse como sustituto de la medicación. Si se siente abrumado por demasiado estrés o negatividad en su vida y simplemente necesita un descanso de todo ello, asegúrese de buscar ayuda profesional en lugar de confiar únicamente en la terapia con cristales. Es importante recordar que las mejores rejillas de cristal hacen uso del poder del pensamiento positivo y de la acción. Por lo tanto, asegúrese de no depender demasiado de sus cristales para hacer desaparecer sus problemas. Si necesita tomar medicamentos, no tenga miedo de hacerlo. En su lugar, piense en su rejilla de cristales como una herramienta para maximizar los efectos positivos de su medicación.

Aunque los poderes curativos de los cristales son innegables, es importante recordar que todavía tiene que cuidarse físicamente. Notará que su rejilla de cristal puede mejorar en gran medida cómo se siente, pero sus pensamientos y acciones determinarán si su vida se transformará en la realidad que desea crear. Recuerde que la rejilla de cristal es una oportunidad para que empiece a pensar en lo que constituye una vida verdaderamente significativa y satisfactoria. Cuando aborde esto desde el punto de vista de la verdadera pasión y la claridad, notará que su vida empezará a cambiar de forma espectacular.

Apéndice: Cristales y minerales de la A a la Z

Amazonita: Equilibrio Yin/Yang, protección, inteligencia, comunicación, verdad
Chakra: Chakras de la garganta y del corazón
Planeta: Urano
Signo zodiacal: Virgo
Ámbar: Curación, limpieza, estabilidad, renovación, confianza
Chakra: Chakra del plexo solar
Planeta: Sol
Signo zodiacal: Acuario
Amatista: calma, equilibrio, paz, paciencia, meditación
Chakra: Chakra del tercer ojo
Planeta: Urano
Signo zodiacal: Acuario
Ágata: Amor, curación, ganancias financieras, concentración, percepción
Chakra: Chakra del corazón
Planeta: Saturno
Signo zodiacal: Piscis

Aguamarina: Buena comunicación, claridad mental, sabiduría, prosperidad, confianza
Chakra: Chakra de la garganta
Planeta: Urano
Signo zodiacal: Géminis
Auralita: Alivio de la tensión, disipación de la ira, intuición, comunicación, serenidad
Chakra: Chakra de la corona
Planeta: Venus
Signo zodiacal: Géminis
Azurita: Protección psíquica, claridad mental, positividad, purificación, energía
Chakra: Chakra de la corona
Planeta: Urano
Signo zodiacal: Tauro
Aventurina: Felicidad, protección, conexión a tierra, calma y paz
Chakra: Chakra sacro
Planeta: Sol
Signo zodiacal: Tauro y Géminis
Piedra de sangre: Abundancia financiera, éxito, alivio de la tensión, valor, energía creativa
Chakra: Chakra sacro
Planeta: Marte y Plutón
Signo zodiacal: Leo y Escorpio
Cornalina: Valor, protección, confianza, estabilidad, actitud positiva
Chakra: Chakra del corazón
Planeta: Saturno y Marte
Signo zodiacal: Escorpio y Sagitario
Crisocola: Equilibrio emocional, fertilidad, comunicación, autorrealización, sensatez
Chakra: Chakra de la garganta
Planeta: Venus
Signo zodiacal: Cáncer

Citrino: Abundancia financiera, prosperidad, creatividad, confianza, superación personal
Chakra: Chakra del plexo solar
Planeta: Mercurio
Signo zodiacal: Libra y Escorpio
Cuarzo transparente: Conexión a tierra, capacidad psíquica, curación, energía, equilibrio
Chakra: Todos los chakras
Planeta: Tierra
Signo zodiacal: Todos los signos
Crisoprasa: Inspiración, creatividad, equilibrio emocional, curación, amor propio
Chakra: Chakra del corazón
Planeta: Júpiter y Venus
Signo zodiacal: Aries y Leo
Drusa: Crecimiento personal, expansión pacífica, protección psíquica, alivio del estrés, amor
Chakra: Chakra del corazón
Planeta: Sol
Signo zodiacal: Géminis y Cáncer
Esmeralda: Riqueza, amor, tranquilidad, éxito, dinero
Chakra: Chakra del plexo solar
Planeta: Venus
Signo zodiacal: Virgo y Libra
Fluorita: Capacidad psíquica, confianza, misticismo en el mundo de los sueños, pureza mental, amor
Chakra: Chakra del corazón
Planeta: Mercurio, Venus y Marte
Signo zodiacal: Aries y Sagitario
Yeso: Antidepresivo, calmante, curativo, limpiador, equilibrio Yin/Yang
Chakra: Chakra del corazón
Planeta: Sol

Signo zodiacal: Cáncer y Tauro

Hematita: Alivio del estrés, curación, protección, equilibrio, buena comunicación

Chakra: Chakra de la raíz.

Planeta: Marte

Signo zodiacal: Libra y Aries

Diamante Herkimer: Dinero, buena fortuna, protección, amor, creatividad

Chakra: Corona, corazón, chakras del tercer ojo

Planeta: Venus

Signo zodiacal: Géminis y Libra

Lolita: Buena suerte y protección, aumento del éxito y la riqueza, claridad mental, serenidad

Chakra: Chakra de la garganta

Planeta: Neptuno

Signo zodiacal: Acuario y Capricornio

Jade: Curación, honestidad, calma, sueño reparador, tranquilizante

Chakra: Chakra del corazón

Planeta: Venus

Signo zodiacal: Cáncer y Leo

Jaspe: Protección, valor, fuerza, buena suerte, éxito en los negocios

Chakra: Chakra de la raíz

Planeta: Marte

Signo zodiacal: Aries y Capricornio

Kunzita: Curación, protección, curación de viejas heridas, confianza, amor divino

Chakra: Chakra del corazón

Planeta: Sol

Signo zodiacal: Libra y Libra

Lapislázuli: Valor, protección, amor, fuerza y claridad mental

Chakra: Chakra del tercer ojo

Planeta: Venus

Signo zodiacal: Cáncer y Escorpio

Malaquita: Autoexpresión, valor, equilibrio en todos los aspectos de la vida, protección, purificación
Chakra: Chakra del corazón
Planeta: Júpiter y Venus
Signo zodiacal: Leo y Aries
Piedra de luna: Protección, curación, amor, equilibrio emocional, equilibrio Yin/Yang
Chakra: Chakra de la garganta
Planeta: Luna
Signo zodiacal: Cáncer y Piscis
Perla: Conexión con toda la vida, apoyo, equilibrio emocional, enfoque, verdad
Chakra: Chakra de la corona
Planeta: Plutón
Signo zodiacal: Tauro y Escorpio
Peridoto: Suerte, protección contra los malos espíritus, capacidad psíquica, fuerza del aura, paz
Chakra: Chakra del plexo solar
Planeta: Mercurio
Signo zodiacal: Acuario y Aries
Madera petrificada: Protección contra la negatividad, fuerza, transformación interior, equilibrio, relajación
Chakra: Chakra de la raíz
Planeta: Marte
Signo zodiacal: Escorpio y Sagitario
Pirita: Protección, buena fortuna, energía vital positiva, equilibrio Yin/Yang, fortificación del aura
Chakra: Chakra del corazón
Planeta: Venus
Signo zodiacal: Cáncer y Capricornio
Cuarzo rosa: Amor, curación, paz mental, tranquilidad, felicidad
Chakra: Chakra del corazón
Planeta: Venus

Signo zodiacal: Cáncer y Piscis

Cuarzo rutilado: Suerte, valor, éxito en los negocios, comunicación clara, anti-ansiedad

Chakra: Chakra de la garganta

Planeta: Urano

Signo zodiacal: Tauro y Géminis

Cuarzo ahumado: Fuerza interior, sabiduría, protección, curación de viejas heridas, apertura del corazón

Chakra: Chakra del corazón

Planetas: Saturno y Plutón

Signo zodiacal: Aries y Escorpio

Obsidiana copo de nieve: Protección contra la negatividad, buena suerte, protección contra los malos espíritus, creatividad, purificación

Chakra: Chakra de la raíz

Planeta: Venus

Signo zodiacal: Géminis y Acuario

Sodalita: Creatividad, claridad de pensamiento, serenidad, paz, toma de decisiones

Chakra: Chakras del tercer ojo y de la garganta

Planeta: Mercurio

Signo zodiacal: Aries y Escorpio

Espectrolita: Protección, creatividad, conexión con los guías espirituales, canalización, honestidad

Chakra: Chakras del tercer ojo y de la garganta

Planeta: Urano

Signo zodiacal: Libra y Piscis

Turquesa: Blindaje, protección, conexión a tierra, limpieza de viejos asuntos, tranquilidad

Chakra: Chakra del plexo solar

Planeta: Mercurio

Signo zodiacal: Aries y Libra

Unakita: Adivinación, felicidad, equilibrio entre el trabajo y la vida, visión, conexión a tierra
Chakra: Chakra del tercer ojo
Planeta: Venus
Signo zodiacal: Cáncer y Acuario
Variscita: Anti-ansiedad, alegría, equilibrio Yin/Yang, claridad de pensamiento, compasión
Chakra: Chakras del tercer ojo y de la corona
Planeta: Venus
Signo zodiacal: Leo y Capricornio
Vesuvianita: Paz interior, curación emocional, tranquilidad, ayuda al sueño, claridad
Chakra: Chakra del corazón
Planeta: Luna
Signo zodiacal: Tauro y Cáncer
Itrio: Curación, prosperidad, buena suerte, crecimiento, protección
Chakra: Chakra del corazón
Planeta: Venus
Signo zodiacal: Aries y Tauro
Circón: Protección, conexión a tierra y calmante, curación espiritual, fortificación del aura
Chakra: Todos los chakras
Planeta: Urano
Signo zodiacal: Tauro y Piscis

Conclusión

La curación con cristales es una práctica de la Nueva Era que a menudo se considera una forma mágica de tratamiento para las enfermedades físicas y mentales. Esta nueva perspectiva de la curación puede ser tanto una bendición como una maldición para quienes exploran su bienestar de esta manera.

Hay muchos tipos de cristales y piedras, algunos de los cuales pueden tener diferentes efectos en el cuerpo dependiendo de la intención de la persona al utilizarlos. Muchas personas utilizan los cristales y las piedras junto con su práctica diaria de bienestar incorporándolos a la meditación, a los baños curativos o luciéndolos como parte de las joyas de cristal. Otros los utilizan para crear joyas u otras formas de amuletos para llevarlos consigo, mientras que algunos los utilizan como medio para promover el amor propio o como forma de sanar del pasado. Los cristales y las piedras pueden utilizarse de diversas maneras, tanto física como emocionalmente. Son una forma de equilibrar sus chakras y promover la relajación, la claridad y la curación.

Con las muchas maneras de incorporar los cristales y las piedras a su práctica, se han convertido cada vez más en una forma única de curación. Al comprender los diferentes tipos de cristales y lo que pueden hacer por su salud, puede aprender a implementarlos en su rutina de autocuidado de una manera nueva. Al aprender a utilizarlos de forma holística, puede ayudar a su cuerpo a curarse, a volver a su estado natural de equilibrio y a traer la paz a su mente y a su alma. El futuro de la curación con cristales parece brillante para quienes se dedican a la práctica y se sienten positivos con los resultados. Espero que este libro le convierta en uno de ellos.

Vea más libros escritos por Silvia Hill

Referencias

Alexander, Skye. 2019. Astrología mágica. Red Wheel/Weiser.

Costelloe, Marina. 2010. La guía completa de la astrología de los cristales. Forres: Findhorn Press.

Godden, Patricia. s.f. Astrología, cristales y espiritualidad.

Hall, Judy. 2017. El zodiaco de cristal de Judy Hall. Octopus Publishing Group.

Harold, Edmund. 1992. La curación con cristales. Ringwood, Vic.: Viking.

Kunz, George Frederick. 1989. El curioso saber de las piedras preciosas. Nueva York: Bell Pub. Co.

Leavy, Ashley. s.f. Los cristales cósmicos.

Lilly, Simon. s.f. La guía de curación con cristales.

Lilly, Sue y Simon Lilly. 2005. El poder de los cristales y la curación con cristales. Londres: Southwater.

Lyne, Cynthia. s.f. La guía de los cristales para principiantes.

Mégemont, Florence. 2008. El libro Metafísico de las Gemas y los Cristales. Rochester, Vt: Healing Arts Press.

Permutt, Philip. 2021. La guía moderna de la curación con cristales. La Vergne: Ryland Peters y Small.

"Signos del Zodiaco: Una guía de referencia de las asociaciones históricas, mitológicas y culturales", 1998. Choice Reviews Online 35 (08): 35-4240-35-4240. doi:10.5860/choice.35-4240.

Simpson, Liz, y Leslie Kenton. 2005. El libro de la curación con cristales. Londres: Gaia Books.

Van Doren, Yulia. 2018. Cristales. Quadrille Publishing, Limited

www.ingramcontent.com/pod-product-compliance
Lightning Source LLC
Chambersburg PA
CBHW070329010526
44107CB00004B/466